本书系吉林师范大学教材出版基金资助项目，2024年度吉林省教育厅科学研究项目（就业创业和学生管理专项）"吉林省大学生就业创业赋能乡村振兴研究"（项目编号：JJKH20240527JY)的阶段性成果，2024年吉林省第二批高校辅导员名师工作室培育项目"新时代高校辅导员就业育人提升路径研究"的阶段性成果。

经管文库·管理类
前沿·学术·经典

Research on Career and Development Planning for College Students

大学生职业生涯与发展规划研究

齐长利 主编

经济管理出版社
ECONOMY & MANAGEMENT PUBLISHING HOUSE

图书在版编目（CIP）数据

大学生职业生涯与发展规划研究 / 齐长利主编 .

北京：经济管理出版社，2024.11（2025.4重印）.

-- ISBN 978-7-5096-9970-6

Ⅰ. G647.38

中国国家版本馆 CIP 数据核字第 2024K2S635 号

组稿编辑：杨国强

责任编辑：白　毅

责任印制：张莉琼

责任校对：王纪慧

出版发行：经济管理出版社

（北京市海淀区北蜂窝 8 号中雅大厦 A 座 11 层　100038）

网　　址：www.E-mp.com.cn

电　　话：（010）51915602

印　　刷：北京厚诚则铭印刷科技有限公司

经　　销：新华书店

开　　本：710mm × 1000mm/16

印　　张：13.25

字　　数：246 千字

版　　次：2024 年 11 月第 1 版　　2025 年 4 月第 2 次印刷

书　　号：ISBN 978-7-5096-9970-6

定　　价：98.00 元

编委会

主　编：齐长利

副主编：刘新利　郑荣琦　毛健萍　牛佳明　赵明宇

编　委：刘时壹　朱　敏　万鑫悦　李希雅

序　言

　　就业是民生之本。推动就业，实现大学生高质量的充分就业，是经济社会循环发展的动力。大学的教育教学质量直接决定着学生综合能力素质的高低，同时决定着大学生最终能否顺利走向社会，能否满足社会对大学人才培养质量的要求。大学培养出适应社会发展需要的人才，是大学立足的根本前提。大学是为社会培养实用型人才的关键场所，是学生与社会交流的纽带，应该培养学生实现就业的能力，从入学时就应该为学生普及就业形势，帮助学生做好职业生涯规划。同时，大学生要认清现在的就业趋势，主动做好就业准备，实现从自我认知的逐渐成熟，到最后决策能力的日渐独立，再到职业探索的不断完善，从而实现完整社会人的转变。通过对大学生的职业生涯规划教育，可以使学生具有生涯与职业意识，建立职业发展规划，提高就业能力，熟悉求职过程，增强对职业适应与发展，或者进行创业教育。通过职业生涯规划，大学生能够理解职业生涯，准确认知职业的内涵、职业的发展环境，获取职业信息的具体途径，提升职业素养的具体方法，并设定具体的大学生职业发展目标。这样，大学生就能够认清自己的实际情况同未来职业的内在联系，即所学专业与职业、就业、创业的关系，从而激发内在动力。

　　本书的总体框架由齐长利副教授设计并完成教材主要内容的撰写，共计12.5万字。吉林师范大学的刘新利、毛健萍、牛佳明、郑荣琦等也参与了教材的撰写工作，提供了思路和帮助。

　　由于编者水平有限，如有错误或不足之处，敬请各方贤达不吝赐教。

目　录

▶ 第一章　大学生与职业生涯规划

大学生实现就业可以在社会中找到自己合适的位置和适合的岗位，能够获得稳定的收入，满足个人衣食住行的基本需求。大学生是社会阶层中具有广博知识的先进分子，通过就业，即运用自己的知识、技能和专长来促进社会经济中某一领域的发展，并通过个人收入和地位的提高，改善自己基本的生活条件，满足自己的住房、教育、医疗等基本生活需求，从而提高自己的生活质量。通过就业，使个人价值得到最大限度的提升，承担社会责任，为社会做出贡献，实现个人理想。

第一节　大学生对职业生涯规划的认识

"职业生涯规划"一词最早是由美国著名管理学家诺斯威尔提出，它的含义是职业生涯规划应该结合自身的实际情况（如发展优势和制约因素），为自己的就业制定行动目标、行动方案、时间进度和具体步骤。通过这个解释可以看出，职业生涯规划是为未来就业所做的准备，从而为走向社会打下基础。因此，对大学生进行职业生涯规划教育显得十分必要，通过对大学生进行职业生涯规划教育，缩短社会实际需要与人才培养质量需求的距离，使学校培养出更多适合社会实际需求的人才。

2007年，教育部办公厅印发了《大学生职业发展与就业指导课程教学要求》（以下简称《要求》）的通知，明确提出要将大学生职业发展与就业指导课程纳入大学生从入学到毕业环节的全过程，并配备专业能力强、业务素质高、相对稳定的师资队伍，使专任教师与兼职教师相结合，并且要加强对教师就业指导能力的培训，通过业务能力提升和实践锻炼，提高就业指导教师的能力和水平。如要改进教学内容和教学方法，教学内容应具有科学性、系统性和实践性，突出就业课程的针对性。从课程的性质与目标上看，大学生职业发展与就业指导要突出职业在人生发展中的重要地位，激发大学生树立科学的职业生涯发展观念和正确的就业观念，帮助大学生结合自身实际情况，从入学起就正确认识和谋划自己的未来，从而在大学的学习过程中提高自己的就业能力和生涯管理能力。通过本书的学习，大学生在知识上应该掌握职业发展的阶段特点、不同职业的不同特性、不同社会环境的不同特点，了解社会的就业形势和法律法规，掌握关于如何创业和如何提高就业本领等常识性知识。通过本书的学习，掌握与人交往、时间管理、信息搜索、生涯决策、求职管理等基本技能，使学生能够有正确的世界观、人生观和价值观，知晓个人在社会中的重要作用，知道如何更好地发挥个人价值，使大学生自愿把个人与社会、个人与国家的发展命运紧密结合在一起，树立平等的就业观念和理性平和的就业心态，把个人的生涯发展纳入社会发展的大局之中。从主要内容上看，职业生涯规划与就业指导包括建立职业生涯意识、职业发展规划、提高职业能力、求职过程指导、职业适应与发展、创业教育六个部分。

一、建立职业生涯意识

建立生涯与职业意识方面，要厘清自己所学专业与未来理想职业的关系，树立针对性的发展目标，增强大学期间学习的目的性。通过职业发展与规划导论的学习，分析研判当前高校毕业生的就业形势，激发大学生根据自身实际情况建立与未来职业发展的联系，了解职业生涯规划的基本概念和步骤，从而明确大学生活与未来职业发展的关系。讲授职业对个人的重要意义，结合大学生所学专业与社会上的相关职业建立联系，了解社会上对应职业和行业的就业形势。掌握职业生涯规划的基本概念，生涯规划的必要性，建立生涯规划对未来职业生活的优势，如何正确看待人的不同社会角色，重点是如何看待职业角色与其他社会角色的关系。介绍大学生活，包括专业学习和实践生活中人格养成对职业生涯发展的影响。全面掌握影响职业生涯发展规划的多重因素，分析影响职业生涯发展的自身因素、职业因素和环境因素，为进一步做好职业生涯规划做好准备。

二、职业发展规划

职业发展规划方面，学生通过掌握4对关系，即技能与职业的关系、兴趣与职业的关系、人格与职业的关系、价值观与职业的关系，全面了解自我特性与职业的关系，形成适合自己的职业发展目标。通过了解职业、产业和行业概念的内涵和外延，以及我国劳动力市场的基本情况、影响劳动力市场的因素，掌握职业信息的内容，如不同职业的特性、工作环境、所需的技能和能力要求、发展前景、薪资待遇、从业者应具有的人格特征。了解获取有效职业信息的方法，如通过利用学校、网络、传媒、社交等资源，了解职业所处的具体环境，包括环境中可以运用的资源和限制，从而使学生在职业选择时能够有效地规避限制，更好地利用资源。从学生周边的小环境如所在的学校、学院、家庭以及朋友构成的小环境入手，学习利用资源的具体方法，进而探索社会、区域、国家等大环境的资源，掌握大环境的经济形势，探索社会资源对个人的价值和意义。在职业发展决策中，学生要了解职业发展决策的类型，以及有影响职业发展决策的因素（教育者的受教育程度、个体自身因素、工作条件及家庭环境对决策的影响），通过职业决策内容的学习，思考应该怎样调整和重构自己的决策模式，并结合教师的指导将成熟的决策模式应用于职业目标的选择和发展职业的全过程。能够掌握决策模型在职业生涯规划中的应用情况，从而制定决策，识别影响决策的内外因素；同时，识别影响决策的消极因素，建立相对应的积极的解决方案。

三、提高职业能力

提高职业能力，使学生掌握不同职业的不同特点。通过让学生列出自己的目标职业，讲解目标职业对专业技能的要求。向学生介绍表达沟通、人际交往、分析判断、问题解决、创新能力、团结合作、组织管理、客户服务等通用技能，向学生讲解提高这些通用技能的方法。通过学生列出的目标职业，掌握目标职业对个人素质（如自信、自立、责任心、诚信、时间管理、主动、勤奋等）的要求。通过素质等有关知识的讲解，使学生全面了解素质的基本特征，制定如何提升个人素质的方法。最终，通过目标职业的要求，制定大学期间学业和生活规划。

四、求职过程指导

求职过程指导，提高学生的求职技能，从而有效规划自己的求职过程。向学生讲解就业信息的重要性，如何收集就业信息，如何分析和利用就业信息，使毕业生及时有效地获取就业信息，提高毕业生解决就业信息的质量。通过讲解如何撰写简历，让学生知道制作简历的注意事项，以及如何应对面试及面试后的注意事项。同时还要掌握求职过程中遇到挫折时如何调适自己的心态，缓解自己的负面情绪，了解心理调适的重要作用，调适心理的具体方法。要学会如何保护自己的就业权益，掌握求职过程中的基本权益，了解侵害基本权益的案例，知道保护权益不受侵害的方法和途径，了解合法的劳动合同和就业协议内容。

五、职业适应与发展

适应职业，学生要了解学习与工作有什么不同，学校与工作单位有什么区别，使学生具备适应职场的准备和平和的心态，做好进入职场准备。向学生讲授从学生到职业人有哪些差别，如何在心理上应对这些差别，以及进入职场之后可能会有哪些不适应，面临哪些问题，以便对工作环境有合理的期待。让学生了解到哪些因素影响职场成功，如应具备的知识储备、工作技能，什么样的工作态度是有效的，工作中如何进行人际交往，应该具有哪些健全的职业道德？

六、创业教育

创业教育，向学生普及什么是创业，如何进行创业，创业应具有的基本素质，创业包含哪些过程，创业过程中应该注意哪些问题，创业的相关政策法规，从而能够使学生掌握基本的创业本领，提高创业能力。

《大学生职业规划与指导》或《就业指导》课应该涵盖大学生教育教学全过程，除讲解上述六部分的基础知识，还要讲解所应练就的基本技能，在具体就业创业的过程中如何培养自己的情感、态度与价值观。课程的教学模式是理论课与实践课的统一。在就业课程的教学过程中，学生要了解职业生涯的过程，积极开展自我分析、职业探索、社会实践与调查、小组讨论等活动，学生要认识到自我与职业、自我与环境之间的关系，从而能够做出完整的发展规划。本门课程的教学形式丰富，如课堂讲授、案例分析、情景模拟训练、小组讨论、角色扮演、社会调查、实习见习等方法。教学过程中，要创新和丰富教学形式，如进行职业测评，邀请就业领域的专家进入校园开展就业技能讲座。对于整门课程的教学，要采取定性评价和定量评价两种方式，定性评价包含评价学生的职业规划能力，包括个人对向往工作环境的了解程度以及短期和长期的职业发展目标，在学生的实际操作方面，可以通过学生个人评价、学生与学生之间互相评价、老师点评学生进行展开。定量评价是对知识进行考试，运用打分等形式了解学生对知识的理解和掌握程度。在教学管理和条件支持方面，《通知》明确指出，要打造一批专兼结合的师资队伍，专业教师队伍要求资历和学历尽量合理，鼓励专职教师开展教育教学和科学研究，要加强对专兼职教师的继续教育，从而促进大学生生涯规划和就业指导课程不断丰富及完善。学校要配备足以支撑教学发展的基础设施条件，如职业生涯测评系统、计算机化的生涯辅导工具、建立职业生涯规划资料室，配备一些专业的职业生涯规划书籍、杂志、报纸、网络影像资料等。学校要创新职业生涯规划教学方法，多与地方用人单位开展产学研合作，为学生提供职业实践的环境，开展职业生涯规划辅导活动。

第二节　专业认同与职业规划

专业认同涉及学生对自己所学专业的内在认知、情感联系以及行为表现。学生在学习的过程中应掌握所选专业的内涵外延，知识与知识之间的内在联系及外在表现，所选专业为社会发展带来的积极价值和贡献。通过内在认知、情感联系和行为表现的整个过程，逐步从内而外地使学生更加认同自己所学的专业，对专业产生兴趣，能够清晰地认识到专业发展前景、满足自己的基本生存需要，实现自己的价值认同，并实现国家与民族整体的社会进步。只有这样，他们在就业选择时，才有清晰的认知和充足的准备，更加坚定自己的选择方向。兴趣是最好的老师，如果学生对所选专业有强烈的认同感，就会把专业的发展视为自己努力的目标，不会以专业为生存手段去寻找工作。因此，在讲授职业生涯规划课的过程中，要从内在认知、情感联系以及行为表现上使学生认同自己所学的专业，只有从内心深处认同自己的专业、认可自己的专业，才会有强大的动力去探索和研究专业知识，并学以致用，自觉地参加课后实践活动，把自己的所学应用到实际生活。

笔者所在的师范院校，一些学生从入学之初就有当老师的想法。那些非师范生，他们在学习完非师的课程后，会自主到师范生班级和师范生一起去学习师范生技能课程，如教法练习课程、教育心理学课程等，随着年级的增高，课业压力逐渐缩小，想当老师的非师范生会根据自己的就业意愿（初中老师、高中老师）做一些真题（中考题、高考题）并参加课外实践活动（与师范生到高中和初中参加教育实习、到课外培训机构代课）锻炼自己的就业能力。这些学生高度认同专业，参加工作以后，他们会非常积极地应对工作，能较快适应工作环境。这些专业认同的学生有通过自己的所学而为社会奉献个人价值的潜在能动性，只有认同自己的专业才会保持良好的就业心态。专业认同度较高的同学会有正确的自我效能感，他们会有一个合适的心理预期和短期目标，但这个短期目标不会特别高，当完成这个短期目标后，他们会比较满足。专业认同度高的学生会有一个正确的认知与积极的心理评价，并制定下一个目标，并具有增强专业知识的学习和能力，在就业过程中有正确的心态，既能发挥自己的优势，又能勇敢地接受挑战，并有能够应对工作当中风险的能力。反之，自我效能感不高的学生，自我认知不够清晰，设定的目标过高或过低，即使目标达成了，也不会非常满足，然而更多的时候是不会达到自己设定的目标，这种消极的自我评价会影响他们职业生涯规划以及就业的能力。

当前大学生职业生涯规划的现状是缺乏专业认同，不认同自己所学的专业，部分同学向往于某所大学，选择的专业是根据高考分数等客观条件被动调剂的，对专业课程的学习并不能很好地根据兴趣使然，学习的动力下降，导致知识的应用能力非常低，所以，不能有很好的就业能力。加之，一些任课教师对于自己的所教授专业的认可度也比较低，他们有时候甚至鼓励学生更换专业，这更加深了学生对于所学专业的模糊认知，使得学生学习的动力不足，影响未来的就业选择和职业规划。

与此同时，职业生涯规划课程的针对性不强。当前，职业生涯规划教育在高校是一门必修课，任何专业都必须学习这门课程，这门课程具有普遍适用性，但课程内容面向所有学生，千篇一律，没有与专业知识进行融合，教学内容比较单一和浅薄。但是，每个专业都具有不同的特点，面向社会的就业方向也各有侧重。以文史哲学类和市场营销类毕业生为例，文史哲学类毕业的本科生更多的是进入高校继续深造，然后到科研机构攻关，而市场营销专业的学生更多的是直接走入市场。这两个专业的学生在规划职业生涯时侧重点不一样，应该有所区别。如果用一种职业生涯规划理论一刀切，没有适用性，也不能够对学生产生吸引力。某些高校对这门课也没有引起足够重视，没有对担任这门课的教师进行培训。其实，对职业生涯规划课教师的培训是十分必要的，因为就业市场随着形势的变化也在不断改变，只有不断进行继续教育培训，才能引导教师认清变化的就业形势，才能有针对性地对学生开展就业课程的教育教学。与此同时，教授职业生涯规划和就业指导课程的老师多由学校就业处或担任坐班任务的政工教师兼任，他们所学的专业各不相同，从事职业生涯规划或就业指导的专任教师很少，对学生给出相关专业性建议的也很少。他们对职业生涯规划和就业指导的一些基本理论并不了解，殊不知这门课程的教学互动很重要，只有通过互动，才能发现学生有什么问题，在就业中关心什么问题，只有这样才能了解学生的具体情况。如果教师与学生很难有共同语言，将影响职业规划课程的教学质量。此外，职业生涯规划课程的特殊性在于其教育内容是变化的就业市场，需要结合实践开展教育教学。然而一些教师在进行就业实践课程的教学时过多地依赖书本，如果抽象的理论内容不联系就业市场的实际情况，学生听起来就会人云亦云，不知道如何规划自己的职业生涯方向。

基于以上问题，开展职业生涯规划教育教学时，要以学生认同自己的专业为前提，创新职业生涯规划课程的教学形式，多开展高年级学生与低年级学生对话的活动，多邀请一些品学兼优的高年级，特别是专业领域学习能力较强的学长学姐和低年级的学生多开展一些交流对话，通过沟通互动，引领学生提高自己的专业认同，提升职业生涯活动的效果。与此同时，多邀请相关领域的专家或者相关行业的翘楚来学校开展讲座，通过讲座的方式引领学生加深对专业的认同。同时，学校在选拔专任教师时，不仅要看他的科研成果和学术经历，还要看他是否对本专业认同，要保证教师正面引导学生。教师要给学生足够的鼓励和支持，为学生输入正确的专业理念和就业观念，及时解疑释惑，使学生有认同专业的信心。

对于职业生涯规划课程，不能采用"一刀切"的教学方式，即大学一年级要重点介绍所学专业，使学生了解所学专业的就业方向，对于大学二、三年级学生，要更多结合专业课程，创新教育教学方法，结合专业课程的实践属性，引导学生亲身参与，提高就业能力。对于即将毕业的学生，要为学生提供及时的就业信息，鼓励学生多想、多投、多尝试。在职业生涯规划课程的教育教学中，教师要引导学生掌握就业的具体方法、相关领域的就业岗位和市场需求都有哪些，从而提高学生与市场之间的匹配程度。配备职业生涯规划教师时，学校要多招聘一些从事相关管理学专业领域的教师，并把这些教师充分应用到职业生涯规划课程中，以提高教学的针对性。聘请就业机构的教师担任学校职业生涯规划指导课程的兼职教师，通过这些教师对就业市场的动态讲解，提高教学的时效性和吸引力，使学生乐于接受。学校要为担任职业生涯规划课和就业课教师提供培训和进修机会，让教师了解企业的运行状态和工作条件，教师并对学生进行普及和规划。教师在教育教学过程中，要丰富教学方法，把案例研讨等方法加入其中，引导学生展开互动，进行适时总结，从而激发学生的学习主动性，在互动的过程中懂得团队的必要性，提高合作能力。与此同时，要创新互动形式，通过开展实习实训、职业生涯规划大赛、职业生涯案例大赛等形式，以赛促学，使学生亲身感受职业环境和职业氛围，在练习中针对性地掌握求职技巧。此外，在教育教学过程中，教师要引入现代多媒体设备，结合人工智能模拟面试官等形式，为学生的求职学习提供便利。

第三节 创业发展与职业生涯规划

通过上文的论述可以得知，职业生涯规划能够使大学生明确职业发展的方向，找到职业意愿的目标，为职业未来提供动力。职业生涯规划为就业提供选择方向的同时，也能为创业选择提供发展路径。随着经济的发展和就业形势的改变，大学生就业选择机会增多，从去社会上找工作到"自立门户，自主创业"。职业生涯规划不仅可以为就业提供动力，而且可以为创业提供更明确的方向。

一、明确职业倾向

职业生涯规划可以使大学生明确自己的职业倾向，这样的职业倾向可以使大学生在创业目标中知道自己"想干什么"，在学校的学习生活中，根据职业倾向培养自己"能干什么"，从而使大学生在创业的实际过程中明确自己"会干什么"。创新创业教育应注重培养学生的创新思维、创业精神和实践能力，这有助于学生在职业生涯规划中突破传统就业观念的束缚，勇于尝试新的职业道路和发展模式。创新创业教育培养学生的动手能力，鼓励学生多参加一些社会实践，为学生提供更多的创业经验，丰富自己的职业生涯规划。融合创新创业教育的职业生涯规划需要完善课程体系，应该涵盖创新创业教育的基本知识以及如何进行自主创业的技能，通过创新创业教育基本知识和自主创业技能的讲解，培养学生的创新思维以及自主动手和参与解决问题的能力，从而能够在今后的创业实战中提高自己的竞争力。

二、强化师资建设

融合创新创业教育的职业生涯规划要强化师资队伍建设，要扩充一些社会上有丰富创业经验的年轻教师参与到创业教育课程中，多把一些创业的成功经验和失败的教训，如市场营销策略和财务管理原则结合典型案例向同学加以介绍，这样能使学生对创业知识了解得更加具体和翔实。与此同时，高校在开设就业指导课程和职业生涯规划课程时，要根据学校现有的条件加开创新创业教育指导课程，聘请专业师资或邀请社会上具有创业经验的教师来校为学生做创业指导。学校应根据职能划分，新增创新创业指导中心，从学校的层面重视创新创业，通过开展创新创业竞赛、创业实习等活动，参加挑战杯等竞赛活动培养学生的动手实践能力。创新创业突出一个"创"字，学校每年要不定期地根据教学需要组织学生到公司、科研院校进行交流，重点学习他们的先进理念、先进经验、先进案例、先进做法，结合专家讲座和实践操作等方式把创新创业领域成功的知识、技能和方法带到课堂中，使学生及时学习到新知识与新内容，掌握最新的创新创业理念。高校要完善产学研机制，注重社会效益，要针对性地把知识理念转化为科研成果服务于经济发展大局和生产生活方面，发挥学生在产学研一体建设中的作用，让学生在实践经历中亲自动手实践，培养创新思维，提高创新能力。学校要建立教师激励机制，把科研创新领域等成果列入职称评审的因素，把在教育教学和科研领域中的发明创造作为优秀教师评选的标准之一，鼓励教师的发明创造，从而带动广大教师积极参与创业创新教育，自觉引导学生开展创新创业相关活动。

三、参与实践活动

融合创新创业教育的职业生涯规划要鼓励学生参与实践活动，学校要与以地方人工智能为代表的高科技公司、科研机构建立实习基地，通过与这些机构建立实习实训平台，开展交流合作，充分运用与这些机构交流合作的机会，带领低年级同学参观创新机构，增长低年级同学的见识，使低年级学生萌生创新创业的想法。同时，每年引荐高年级学生到这些机构进行教育实习，鼓励高年级学生将知识理论应用到实际生活中，提高大学生学以致用的能力，并在实践中增长见识，丰富创新思维，提高创新本领，激发创新潜能。学校还要通过设立创新创业教育专项奖学金，为创新创业的学生提供资金支持、资源支持和政策支持，同时为创新创业教育学生提供场地和配套的基础设施，免除创业者的后顾之忧，并树立一批品学兼优的创业典型。此外，综合运用微博微信和新媒体平台宣传他们的创业事迹，通过树立正面典型的方式使创新创业氛围在学校内部蔚然成风。融合创新创业教育的职业生涯规划需要加强大学生的心理健康教育，提高学生的心理适应能力和应挫能力，有管理自己的情绪和压力的能力。学校应该设立创新创业心理咨询中心，为创新创业学生提供专门的心理指导，有针对性地帮助他们解决在创新创业过程中出现的心理问题。同时，要为这些创新创业的同学建立心理指导手册，通过心理问题台账等方式，对创业学生进行定期评估和跟踪服务，为学生提供心理支持和心理帮助。

第四节　大学生职业生涯规划的原则与步骤

一、大学生职业生涯规划的原则

教师在对大学生进行职业生涯规划教育教学时，应该遵循相应的原则。

首先，要以学生成长客观规律的实际情况为前提，开展职业生涯规划教学，这种客观规律要做到实事求是，既要遵循学生成长特点的规律，还要尊重学生不同的特点规律，如家庭背景、教育背景、生活背景、个性特征，在遵循这些规律的基础上针对性地开展职业生涯规划教育教学。每个人的成长环境各不相同，因此，应该在遵循成长规律的基础上对学生开展职业生涯规划，在进行职业生涯规划时要考虑学生的成长和专业的相同，开展针对性的教育活动，切勿把职业生涯规划课程当作完成教师职称工作量或教学任务的简单教学任务，而是要看到这门课程作为帮助学生在社会中找到自己位置的重要性，通过讲授这门课程，完善学生的自我认知，探索社会的职业特性，实现成熟的决策能力。这样的教育过程不仅是职业生涯规划的教学任务，也体现着教师承担教书育人的教学使命。

其次，要遵循阶段性原则，教育阶段性是以教育客观性为前提的，在讲授职业生涯规划课程时，要看到不同年级学生成长的不同特点，针对性地开展教学。大学一年级属于职业意识的探索阶段，学生从高中阶段过渡到大学，认为就业离自己比较远。在上课之前要对学生的就业意愿等情况开展调查研究，针对调查研究得出的结果设计不同的教学方案，使学生认识到自己所学专业与职业的关系，要对大学的生活和学习有所规划，带领学生做一份职业生涯规划手册。针对大学二年级学生，引导学生进行自我探索，"比如引导学生思考我想做什么，我会做什么，我的职业价值观是什么，帮助学生分析社会环境，分析自己的优势和短板，探索适合自己的发展，根据自己的情况规划职业发展方向"。并且通过引导学生在寒暑假参加社会实践活动等形式，提高大学生用所学知识服务社会的能力，使学生与社会联系起来，使学生坚定职业信念。在大学三年级，学生逐渐走向成熟，对所学领域的主干课程已经基本掌握，对专业知识有了比较全面的理解，在这一阶段，应该引导学生对自己的职业生涯规划逐渐定向，可以鼓励引导学生多考一些证书，多参加一些就业意向的实践活动，如师范生可以考教师资格证，去课外培训机构进行代课以提高自己的教师专业技能练习。与此同时，教师要引导学生提高心理抗压能力，练就强大的心理素质，提高就业本领。大学四年级阶段，多为学生提供一些求职信息，帮助学生找到适合自己的就业岗位，提高就业的信心和应对能力，培训学生的就业技巧。

再次，提前性原则，这是职业生涯规划的特性，规划或计划本身就具有提前性，要引导学生分析求职和实际工作中由于角色转换的不适应性而遇到的有关问题，需要引导学生认清自我，从准备求职时开始有一个强大的心理适应，有应对未知困难的挑战和勇气。

最后，系统性原则，就业指导课程是应用型比较强的课程，不仅要讲授理论知识，还要对学生开展实践活动，实现理论与实践的统一，引导学生从认知到实践不断成熟，从而达到能够适应社会、为社会培养人才的预期目标。由于课程特性，本门课程的讲授贯穿大学一年级至四年级各个学年，要结合学生个性不同的阶段性开展教育教学，以培养学生科学规划职业发展方向、掌握职业本领为前提，结合课堂讲授与实践训练等形式，实现知情意信行的统一，培养学生德智体美劳全面发展。

二、大学生职业生涯规划的步骤

第一，成大志。大学生在进行职业生涯规划时要把个人的发展同实现中国式现代化的历史进程联系在一起，把自己的发展同民族的复兴、祖国的发展紧密联系在一起。

第二，订路线。要做好职业生涯发展规划，要根据自身所处的环境及内外因素对职业生涯规划进行评估，并不断根据实际情况进行调整，使得职业生涯规划符合自己成长特点，行之有效。

第三，重实施。制定完职业生涯规划发展路线后，要重在平时，重在实施，多参加一些针对职业实训的实践活动，提高自己的专业本领，使职业生涯规划能够付诸实际。

▶第二章　职业生涯唤醒

在日常生活中，绝大多数人怀揣着改变世界的梦想与愿望，期望能够对这个错综复杂的世界产生正面的影响力。他们渴望通过科技、艺术、政治或社会活动等多种途径，推动社会的前进与发展。然而，尽管这种愿望是崇高的，真正愿意从自我做起，努力提升和完善自我的人却为数不多。

人们往往倾向于将注意力投向外部，关注那些宏大的社会议题和挑战，却忽略了个人成长和自我提升的重要性。他们可能认为，个人的力量微小，难以对整个世界产生显著的影响。然而，正是这种思维模式限制了他们的潜能和可能性。实际上，每一个个体的进步和成长，都是推动社会进步的关键力量。

只有当每个人都能够积极地改造自己，提升自己的素质和能力，才能真正形成一股强大的力量，进而影响和改变整个世界。个人的自我改造不仅包括知识和技能的提升，还包括道德修养、情感智慧和心理素质的完善。通过不断学习和实践，每个人都可以成为更好的自己，从而为社会的进步贡献出自己的一份力量。

第一节　职业概述

在我们的日常生活中，每个人都扮演着不同的职业角色，这些角色不仅塑造了我们的社会身份，也反映了我们的技能、兴趣和价值观。职业不仅是谋生手段，也是我们实现个人目标和梦想的途径。

一、职业特征

（一）职业具有社会性

职业区别于工作的特殊性在于具有不同的职业类型，中国职业规划师协会给出的职业类型有 10 种，包括生产、加工、制造、服务、娱乐、政治、科研、教育、农业、管理，这些类型的划分是基于社会分工不同做出的。不同职业类型具有的职业要求各不相同，在不同的社会分工内部，劳动者作用的劳动对象也有所不同，这样的差异性决定了不同职业的区别。以此标准，以农业与管理职业的不同特点为例，区别于农业与管理职业的特殊性在于从事农业职业的劳动对象是农作物，而管理职业的劳动对象不同于农业的劳动对象有鲜明的特性，管理的劳动对象在于社会生活。职业的社会性体现了职业与劳动者之间的社会关系。

（二）职业具有规定性

职业的规定性在于构成各种职业内部的属性和结构有所不同，不同职业都具有不同的操作规范，要利用专门的知识和技能。职业的规范性还在于从事不同职业应具有职业道德的规范性，从事不同职业的人应该具有伦理要求，这种伦理要求的表达是职业道德。

（三）职业具有经济性

职业的经济特性在于从事职业生产的目的是通过创造物质财富和精神财富来寻求一定的经济报酬，并通过经济报酬满足自己基本的物质生活需要。这种经济性还在于职业给社会带来的价值，这种价值即个人从事职业能够满足社会的需要。

二、职业兴趣

职业兴趣指一个人对待工作是否有积极性，求职者能否适应此项工作以及从事此项工作的内在驱动力和愿望是否强烈。影响个人职业兴趣的因素有很多，有内在属性和外在属性等，内在属性在于人的内在潜能能否适应职业的特性、人的自身能力能否适应职业对人的期待等，外在属性在于职业所处的历史条件和发展环境能否适应人的发展，以及家长对职业的态度对孩子潜在的影响等。因此，分析影响个人职业兴趣的因素要结合特定的时代背景、个人所处的综合环境、个人具有的内在需求等多方面考量。

（一）个人的社会实践

个人的兴趣取决于自己对客观世界认识的完整性，如果对客观世界某个领域认识得不完整，就不会对这个领域有相应的实践动力，也就不会有足够的兴趣，而没有足够的兴趣就谈不上对这一领域进行职业规划。比如，学生对经营管理领域认识得比较丰富，则对未知的经营管理会有浓厚的兴趣，在进行职业生涯规划的时候更愿意对此进行主观的投入，有更大的意愿从事经营管理。

（二）个人的受教育程度

随着个人所接受教育的不断完善，职业兴趣也会发生变化。个人接受学历教育越高，所掌握的职业领域就越宽。如果学生接受教育的感兴趣领域与新掌握的职业特性具有一定的对应性，就会对更新的职业产生兴趣。

（三）社会教育的引导

个人的职业兴趣还与社会引导有关，如社会舆论对某一职业的倾向、政府政策对某一职业的支持等。2020年全面建成小康社会，乡村开始全面振兴。国家政策对乡村振兴很重视，社会舆论对乡村振兴也很关注，有不少大学生开始把职业兴趣由城市转移到乡村，这些大学生不乏高学历、高层次人才，他们是社会新阶层中的"新农人"，这样的职业兴趣与社会教育引导有关。

三、兴趣与职业的关系

（一）兴趣如何影响职业选择

选择一个适合自己的职业是人生中至关重要的决定，这个决定不仅深刻影响到个人的幸福感和工作满意度，还会对职业生涯的长远发展产生深远影响。在众多影响职业选择的因素中，个人的兴趣爱好无疑占据了极其重要的地位。

兴趣可以激发一个人的工作热情，使他们在面对各种挑战和困难时保持积极的态度和持久的动力。当一个人从事自己感兴趣的工作时，他们更容易在工作中找到成就感和满足感，从而提高整体的工作满意度。此外，兴趣还能促使个人不断学习和提升自己的技能，从而在职业生涯中取得更大的进步和成功。

因此，在选择职业时，充分考虑自己的兴趣爱好非常重要。通过深入了解自己的兴趣所在，结合市场需求和个人能力，才能做出更明智的职业选择，从而为自己的未来职业发展打下坚实的基础。

1. 自我认知

兴趣在自我认知的过程中扮演着至关重要的角色。它不仅揭示了一个人的价值观、性格特征和技能倾向，还能帮助个体更好地理解自己的内在需求和期望。通过深入探索和了解自己的兴趣所在，人们能够知道自己的兴趣所在，个体能够更加清晰地认识到自己在哪些领域感到兴奋和满足，从而更准确地识别出适合自己的职业道路和工作环境。

兴趣可以被视为自己真正热爱和擅长的领域。这种自我认知的过程有助于个体在职业选择和发展中做出更明智的决策，从而找到与自己兴趣相匹配的职业领域，实现个人价值的最大化。因此，培养和挖掘自己的兴趣，对于每个人来说都是一项重要的任务，它能够给我们的生活和职业发展带来更多的满足感和成就感。当我们深入剖析自己的兴趣时，就像是打开一扇通往自我理解的窗户，使我们能够更清晰地看见自己在职业领域中的真实需求和偏好。

兴趣作为一种强大的内在动力，引导我们走向那些能够激发我们热情、满足我们好奇心的领域。在这个过程中，我们逐渐发现自己的天赋所在，以及那些能够让我们全身心投入、乐此不疲的职业方向。通过了解自己的兴趣，我们不仅能够更加精准地定位自己的职业目标，还能在追求这些目标的过程中，体验到前所未有的成就感和满足感。

为了更全面地了解自己的兴趣，我们可以采取多种途径进行探索和尝试。比如，参加各种兴趣小组或社团活动，与志同道合的人交流分享；阅读相关领域的书籍或文章，拓宽自己的视野和知识面；甚至可以尝试一些职业体验或实习项目，亲身体验不同职业的魅力和挑战。这些经历不仅能够帮助我们更深入地了解自己的兴趣所在，还能为我们未来的职业发展提供宝贵的参考和借鉴。

总之，兴趣是自我认知的重要组成部分，它对于我们的职业选择和人生发展具有深远的影响。通过深入了解自己的兴趣，我们能够更加清晰地认识自己、规划未来，找到真正适合自己的职业道路，实现个人价值的最大化。

2. 动机因素

兴趣作为一种内在的驱动力，能够为我们提供源源不断的动力和激励。当我们对某个特定领域产生浓厚的兴趣和热情时，这种积极的情感会促使我们在该领域内不断地投入时间和精力，进行深入的学习和探索。正是因为这种持续的投入和努力，我们才能够在该领域逐渐积累知识和技能，从而显著提升我们的职业表现和工作成效。

具体来说，兴趣能够激发我们的好奇心，使我们在面对困难和挑战时保持积极的态度，而不是轻易放弃。兴趣能帮助我们更好地集中注意力，提高学习效率，因为当我们对某个话题感兴趣时，我们更容易进入心流状态，从而在学习过程中获得更多的满足感和成就感。此外，兴趣能促使我们主动寻找更多的学习资源和机会，与同行交流，不断扩展我们的知识网络，进一步提升专业水平。

因此，培养和保持对某个领域的兴趣和热情，对于我们在该领域取得长期的成功和卓越表现具有至关重要的作用。通过不断地学习和实践，我们不仅能够提高自己的职业能力，还能在工作中获得更多的乐趣和满足感。

3. 竞争力

拥有强烈的兴趣通常意味着在相关领域有较大的投入和较深的专业知识，这种热情和专注往往能够带来更深层次的理解和掌握。当一个人对某个领域充满兴趣时，他们往往会花费更多的时间和精力去深入研究和探索，从而在这个过程中积累丰富的经验和知识。这种深厚的专业背景和技能积累，无疑会使得个体在职业市场上具备显著的竞争优势。

在求职和职业发展的过程中，拥有强烈兴趣的人往往更容易脱颖而出。他们不仅能够展现出对工作的热情和投入，还能够凭借其深厚的专业知识和技能，更好地应对各种复杂的工作挑战。此外，强烈的兴趣还能够激发个体的创新思维，提高解决问题的能力，使他们在工作中表现出色，获得更多的认可和机会。

因此，培养和保持对某一领域的强烈兴趣，不仅能够为个体带来更多的学习和成长机会，还能够在职业市场上形成独特的竞争优势，帮助他们在激烈的竞争中脱颖而出，实现职业发展的目标。

（二）兴趣与职业匹配的好处

选择适合自己的职业是人生中至关重要的决定，这个决定不仅会深刻地影响到个人的幸福感和工作满意度，还会对职业生涯的长远发展产生深远影响。在众多影响职业选择的因素中，个人的兴趣爱好无疑占据了极其重要的地位。

兴趣可以激发一个人的热情和动力，使他们在工作中感到更加充实和快乐。当一个人从事自己真正热爱的工作时，他们往往会表现出更高的积极性和创造力，从而在职业生涯中取得更大的成就。相反，如果一个人选择了自己并不感兴趣的职业，他们可能会感到枯燥乏味，甚至产生职业倦怠，这不仅会影响他们的工作表现，还可能导致频繁的职业转换，从而影响职业生涯的稳定性和发展。

因此，在做出职业选择时，深入了解自己的兴趣爱好非常重要。通过自我探索和职业规划，结合个人的兴趣和市场需求，选择一个既能满足个人兴趣又能提供良好职业前景的工作，将有助于实现个人的职业目标和生活目标，从而获得更高的幸福感和职业满意度。

1. 工作满意度

当一个人的兴趣爱好与其所从事的职业高度契合时，他们在日常的工作中往往能够感受到更多的快乐和满足。这种积极的情感状态不仅能够提升他们的工作动力，还能显著提高他们的工作效率和工作质量。因为当人们做着自己喜欢的事情时，他们会更加投入和专注，从而更容易在工作中取得优异的成绩。

此外，兴趣与职业的匹配还能减少工作压力，增强职业稳定性，使个体在职业生涯中获得更多的成就感和幸福感。

具体来说，当一个人的职业选择与其内在的兴趣爱好相一致时，他们在工作中会表现出更高的热情和积极性，而这种热情和积极性会转化为一种内在的动力，驱使他们在面对各种工作任务时更加主动和高效。由于他们对工作内容的热爱，他们在处理问题和挑战时会更加灵活和创新，从而在工作中取得更好的成绩。同时，这种内在的动力还能帮助他们在面对压力和困难时保持坚韧和乐观，从而减少工作中的焦虑和疲惫感。

进一步来说，兴趣与职业的匹配还能带来长期的职业稳定性和持续的职业发展。当一个人在工作中感到快乐和满足时，他们更有可能长期坚持在同一个职业领域发展，而不是频繁地更换工作。这种稳定性不仅有助于他们在职业道路上积累更多的经验和技能，还能使他们在工作中逐渐建立起自己的声誉和影响力。随着时间的推移，这种积累和影响力会进一步增强他们的职业成就感和幸福感，使他们在职业生涯中获得更多的满足和自豪感。

2. 创新能力

当一个人的工作是由其内在的兴趣所驱动时，往往能够极大地激发其创新思维的能力。那些对自己所从事的事业充满热爱的人，更容易在日常的工作中展现出非凡的创造力。他们不仅能够全身心地投入到任务中，而且在面对挑战和问题时，更容易从不同的角度思考，从而发现新的解决方案和独特的想法。这种由兴趣引发的内在动力，使得他们在工作中表现出更高的积极性和主动性，进而推动他们在各自的领域中不断探索和创新。这种内在的驱动力不仅让工作变得更加愉快，而且能提高工作效率和质量。因为当一个人对某项工作充满热情时，他更加愿意投入时间和精力去深入研究和掌握相关知识，从而在工作中表现出更高的专业水平。同时，这种热情还能感染周围的同事，形成一种积极向上的工作氛围，进一步激发团队的创新潜力。因此，培养和保持对工作的兴趣，对于个人和团队的发展具有重要意义。

3. 职业发展

当一个人的兴趣爱好与其所从事的职业高度一致时，他们往往会表现出更加显著的积极性和热情。这种内在的动力源自他们内心深处的热爱，驱使他们在工作中投入更多的时间和精力。因为他们感到所从事的活动与自己的兴趣和爱好高度契合，这种契合感让他们在工作中感到愉悦和满足。这种投入不仅使他们在职业道路上更加专注和高效，而且能带来更多的满足感和成就感。随着时间的推移，这种积极的工作态度和持续的努力往往会导致他们在职业上的晋升，从而获得更高的职位和更大的责任。同时，这种匹配也促进了个人的成长和发展，使他们的专业技能和综合素质都有显著的提升。因此，兴趣与职业的匹配不仅有助于职业成功，还能带来个人的全面成长，使他们在职业生涯中不断突破自我，实现更高的目标。

（三）如何平衡兴趣与职业

在当今社会，职业选择已经不仅仅是为了谋生，更多的是追求个人兴趣与职业发展的统一。然而，如何在兴趣与职业之间找到平衡，却是一项挑战。人们常常面临这样的困境：是选择一份稳定但缺乏激情的工作，还是追随内心的热情，却可能面临经济上的不稳定和不确定性的工作。找到两者之间的平衡点，既能够满足个人的兴趣爱好，又能够确保职业发展的可持续性，是一项需要深思熟虑的任务。

因此，我们需要在职业规划中充分考虑自己的兴趣爱好，要理性分析市场需求和职业前景，以便在追求个人梦想的同时，确保经济上的稳定和职业上的长远发展。只有这样，我们才能在现代社会中找到一个既能满足个人兴趣，又能实现职业发展的理想职业。

1. 寻找交叉点

在探索职业道路的过程中，一个重要的策略是努力寻找个人兴趣与职业需求之间的交汇点。通过这种方式，我们不仅能够追求自己真正热爱的事物，还能确保这些兴趣能够转化为职业发展的动力和方向。具体来说，这意味着我们需要深入了解自己的兴趣所在，同时对市场需求和职业发展趋势有清晰的认识。通过将两者结合起来，我们可以找到一个既能让自己感到满足和快乐，又能为职业生涯带来稳定和成长的平衡点。这样的策略不仅能帮助我们在工作中保持高度的热情和动力，还能提高我们的职业竞争力，最终实现个人价值和职业目标的双重提升。

2. 持续学习和发展

在当今这个日新月异的时代，持续地追求知识和技能的提升，与自己所钟爱的兴趣领域保持同步，是至关重要的。通过这种持续地学习和提升，我们不仅能够在职场上变得更加有竞争力，还能在追求个人兴趣的道路上感受到更多的快乐和有成就感。不断地充实自己的头脑，掌握新的知识和技能，能够让我们在面对各种挑战时更加从容淡定，同时能够更好地适应不断变化的工作环境。此外，将学习与兴趣相结合，还能激发我们的内在动力，使我们在学习过程中保持更高的热情和持久的专注力。最终，这种不断学习和提升的过程将使我们在职业生涯和个人生活中获得更大的成功和幸福感。

在这个充满挑战和机遇的时代，我们每个人都在为了自己的梦想和目标而努力奋斗。为了在这个竞争激烈的环境中脱颖而出，我们需要不断地学习和提升自己的技能，确保这些技能与自己所热爱的兴趣领域保持一致。

3. 调整心态

在我们日常生活的实际经历中，经常会遇到一个普遍的现象，就是我们在选择职业时，往往无法完全将自己的兴趣爱好与之完美地结合在一起。很多时候，由于各种现实因素的影响，如经济上的压力、就业市场的现状，甚至是家庭的责任和义务，我们可能会被迫选择一份并不完全符合内心热爱的职业。然而，这并不意味着我们必须彻底放弃追求自己的兴趣和梦想。

这种情况下，最关键的是我们要调整好自己的心态，保持一种积极向上的态度。我们需要明白，尽管职业与兴趣间存在一定的不匹配，但这并不妨碍我们在工作中寻找到属于自己的乐趣和满足感。我们可以尝试从不同的角度去审视和理解自己的工作，努力发现其中的积极方面和成长的机会。例如，我们可以关注工作中的成就感，享受与同事之间的良好互动，以及通过工作获得技能提升和职业发展等。通过这些方式，我们可以在一定程度上减轻职业与兴趣不匹配所带来的失落和挫败感。

与此同时，我们可以在工作之余，继续追求和探索自己的兴趣爱好。利用下班后的时间，参加各种兴趣小组、报名参加各类培训班，或者通过自学掌握一些新的技能。这样不仅可以丰富业余生活，还能在追求兴趣的过程中获得更多的满足感和成就感。此外，有时候兴趣爱好甚至可以和工作相结合，为我们带来意想不到的机会和可能性，从而在某种程度上弥补职业与兴趣之间的差距。

总之，尽管职业和兴趣不完全匹配可能会带来一些困扰和挑战，但通过调整心态、合理安排时间，并在工作和生活中找到一个平衡点，我们依然可以在职业道路上实现自己的价值，同时不放弃对兴趣和梦想的追求。通过这种方式，我们可以在现实与理想间找到一条可行的道路，最终实现个人的全面发展和自我实现。

四、霍兰德的兴趣类型理论

职业兴趣在个体选择职业以及职业发展过程中扮演着至关重要的角色。它不仅影响着个体在职业生涯中的选择和决策，还直接关系到工作中的表现和满意度。霍兰德职业兴趣理论为我们提供了一个非常有价值的框架，可以帮助我们更好地理解个体的职业兴趣。通过这一理论，我们可以识别出个体的兴趣类型，并将其与相应的职业领域相匹配。这样一来，个体就能找到与自己兴趣相契合的工作，从而在职业生涯中获得更高的满足感和成就感。霍兰德职业兴趣理论的核心在于将职业兴趣分为六种类型：现实型、研究型、艺术型、社会型、企业型和常规型，每种类型都有其独特的特点和适合的职业领域。通过了解自己的兴趣类型，个体可以更有针对性地选择职业路径，避免在不适合自己的职业中挣扎，从而提高工作效率和职业满意度。此外，霍兰德职业兴趣理论还强调了职业选择与个人发展的动态关系。随着个体经验的积累和兴趣的变化，他们可能会转向新的职业领域，找到新的兴趣匹配点。因此，这一理论不仅在职业规划初期具有指导意义，而且在整个职业生涯中都具有持续的应用价值。通过不断地探索和调整，个体可以更好地实现自我发展，找到真正适合自己的职业道路。

（一）霍兰德职业兴趣类型

约翰·霍兰德（John Holland）是美国约翰·霍普金斯大学心理学教授，美国著名的职业指导专家。他于1959年提出了具有广泛社会影响的职业兴趣理论，是职业规划领域应用最广泛同时也是最实用的职业理论之一。根据霍兰德的假设，大多数人的职业兴趣可以归纳为六种类型：现实型、研究型、艺术型、社会型、企业型和常规型，如图2-1所示。

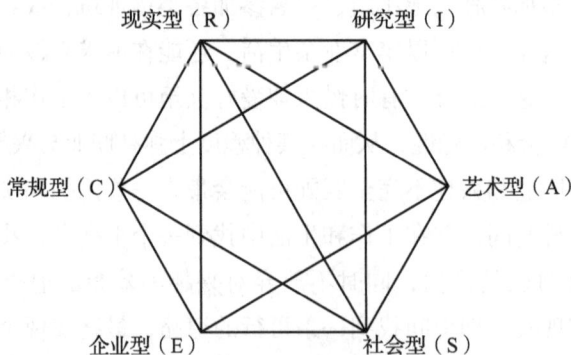

图2-1　霍兰德职业兴趣类型

（1）现实型（R）。

特征概述：倾向于运用工具执行可操作性任务，具备较强的动手能力，动作灵活且协调。偏好具体事务，语言表达能力一般，行事风格保守，态度谦逊。社交能力较弱，倾向于独立完成工作。

典型职业：偏好使用工具和机器，从事需要操作技能的工作。对机械才能或与物品、机器、工具、运动器材、植物、动物相关的职业感兴趣，并具备相应技能。例如，技术性职业（计算机硬件人员、摄影师、制图员、机械装配工），技能性职业（木匠、厨师、技工、修理工、农民、一般劳动力）。

（2）研究型（I）。

特征概述：倾向于思考而非实际行动，具有强大的抽象思维能力，求知欲旺盛，善于思考，不倾向于动手操作。偏好独立和创造性的工作。知识渊博，具有学术才能，领导能力一般。处理问题时理性，追求精确，喜欢逻辑分析和推理，致力于探索未知领域。

典型职业：偏好智力、抽象、分析、独立的任务，要求具备智力或分析能力，并应用于观察、评估、测量、理论构建、问题解决等工作，具备相应技能。例如，科学研究人员、教师、工程师、电脑编程人员、医生、系统分析员。

（3）艺术型（A）。

特征概述：具有创造力，乐于创造独特新颖的成果，渴望展现个性，实现自我价值。追求理想化，不重实际，具有艺术才能和个性。善于表达，情感丰富，心态复杂。

典型职业：喜欢的工作要求具备艺术修养、创造力、表达能力和直觉，并应用于语言、行为、声音、颜色和形式的审美、思考和感受，具备相应技能。例如，艺术领域（演员、导演、艺术设计师、雕刻家、建筑师、摄影家、广告制作人），音乐领域（歌唱家、作曲家、乐队指挥），文学领域（小说家、诗人、剧作家）。

（4）社会型（S）。

特征概述：喜欢与人交往，乐于结交新朋友，善于言谈，愿意教导他人。关心社会问题，渴望在社会中发挥作用。寻求广泛的人际关系，重视社会义务和社会道德。

典型职业：从事提供信息、启迪、帮助、培训、开发或治疗等工作，并具备相应技能。例如，教育工作者（教师、教育行政人员），社会工作者（咨询人员、公关人员）。

（5）企业型（E）。

特征概述：追求权力、权威和物质财富，具备领导才能。喜欢竞争，勇于冒险，有野心和抱负。务实，以利益得失、权力、地位、金钱等衡量工作价值，目标导向性强。

典型职业：喜欢要求具备经营、管理、劝服、监督和领导才能，以实现机构、政治、社会及经济目标的工作，并具备相应技能。例如，项目经理、销售人员、营销管理人员、政府官员、企业领导、法官律师。

（6）常规型（C）。

特征概述：尊重权威和规章制度，喜欢按计划行事，细心、有条理，习惯接受他人指挥和领导，不寻求领导职位。关注实际和细节，通常谨慎保守，缺乏创造性，不喜欢冒险和竞争，具有自我牺牲精神。

典型职业：喜欢注意细节、精确度，有系统、有条理，具备记录、归档、根据特定要求或程序组织数据和文字信息的职业，并具备相应技能。例如，秘书、办公室人员、记事员、会计、行政助理、图书馆管理员、出纳员、打字员、投资分析员。

大多数人并非只有一种类型，如一个人可能同时具备社会型、现实型和研究型三种类型。霍兰德认为，类型相似度越高，相容性越强，则个人在职业选择时面临的内在冲突和犹豫越少。为了描述这种情况，霍兰德将这六种类型分别置于一个正六角形的每个顶点。

（二）六种职业兴趣类型的内在关系

霍兰德所划分的六大职业兴趣类型并非并列的、有着明晰边界的。从他以六边形所标示的六大类型关系可以看出：

（1）相邻关系，如 RI、IR、IA、AI、AS、SA、SE、ES、EC、CE、RC 及 CR。属于这种关系的两种类型的个体之间共同点较多。如现实型（R）、研究型（I）的人都不太偏好人际交往，这两种职业环境中都较少与人接触。

（2）相隔关系，如 RA、RE、IC、IS、AR、AE、SI、SC、EA、ER、CI 及 CS。这种类型的个体之间共同点较相邻关系少。

（3）相对关系，在六边形上处于对角位置的类型之间即为相对关系，如 RS、AC、SR、EI 及 CA。相对关系的人格类型其共同点更少，因此某个体对同时处于相对关系的两种职业环境都感兴趣的情况较为少见。

人们往往倾向于选择与自身兴趣类型相契合的职业环境，例如，具有现实型兴趣的人更愿意在现实型职业环境中工作，以便更好地发挥其个人潜能。然而，在职业选择过程中，并非必须完全依据个人兴趣来决定职业环境。首先，个体的兴趣类型通常是多元化的，很少有单一类型特别突出。因此，在评估个体兴趣类型时，通常会考虑其在六大类型中得分最高的前三位类型，并按照分数高低顺序排列，形成其兴趣组合，例如 RCA、AIS 等。其次，职业选择受到多种因素的影响，不能仅仅依赖兴趣类型，还需考虑社会职业需求以及实现职业目标的实际可能性。因此，在职业选择时，人们往往需要做出妥协，寻找与自身兴趣相近甚至相异的职业环境，在这样的环境中，个体必须逐渐适应工作环境。然而，如果个体进入了一个与其兴趣完全不相符的职业环境，可能会面临适应困难，难以在工作中感到快乐，甚至可能每日工作都感到痛苦。

五、探索职业兴趣的活动

（一）职业兴趣活动的重要性

职业兴趣活动的主要目的是让参与者更深入地了解各种职业，以及这些职业所需的技能和素质。通过这些活动，参与者可以有如下体会。

（1）自我认知。了解自己的兴趣、优势和劣势，有助于更准确地定位自己的职业方向。通过深入探索和分析自己的内在动机、技能和能力，以及在某些领域可能存在的不足，我们可以更好地理解自己适合什么样的工作环境和职业路径。这种自我认知的过程，不仅能帮助我们做出更明智的职业选择，还能在职业发展中不断调整和优化，以实现个人的长期职业目标和职业满意度。

（2）拓宽视野。通过与各个领域的专业人士进行接触和交流，我们可以深入了解不同职业的具体工作内容、职责范围以及未来的发展趋势和前景。这种交流不仅有助于我们获取宝贵的第一手信息，还能帮助我们更好地认识各个行业的现状和未来机会，从而为我们的职业规划和发展提供有力的支持及指导。

（3）实践体验。通过模拟职业场景或实际操作，亲身体验职业的日常工作，可以更深入地了解该职业的具体内容和要求。这种体验式学习方式有助于加深对职业的理解，使我们能够更好地认识到从事该职业所需具备的技能和素质。通过亲身参与和实践，我们能够感受到职业环境的氛围，了解职业的日常工作流程和挑战，从而更全面地评估自己是否适合这个职业。这种模拟或实际操作的经验，不仅有助于我们在未来的职业选择中做出更明智的决定，还能为我们积累宝贵的经验，提升我们的职业竞争力。

（二）常见活动形式

（1）职业研讨会。邀请各行业专家分享他们的职业经历和经验，让参与者了解各个职业的具体情况。

（2）职业体验活动。提供一个真实的工作环境，让参与者能够身临其境地模拟各种职业人士的工作场景，从而有效地增加他们的实践经验。通过这种方式，参与者可以在实际操作中学习和掌握各种职业技能，提高他们的工作能力和适应性。这样的实践机会，不仅有助于他们更好地理解理论知识，还能培养他们的团队合作精神和解决问题的能力。

（3）职业测试和评估。通过进行详细的心理测评和职业倾向测试，进一步帮助参与者深入理解自己的职业偏好和潜在能力。这些测评工具能够揭示个人的兴趣、价值观、性格特点以及适合的工作环境，从而为参与者提供宝贵的自我认知。通过这些数据和分析结果，参与者可以更好地了解自己在职业选择和发展中的优势及劣势，进而做出更明智的职业规划决策。这样的评估不仅有助于个人职业发展，还能提高他们在未来工作中的满意度和成就感。

（4）职业咨询服务。提供个性化的专业职业咨询服务，帮助每一位参与者根据他们的独特兴趣和能力，量身定制职业发展建议。通过深入地沟通和评估，详细了解每位客户的背景、优势和职业目标，从而提供切实可行的指导和建议。最终目标是帮助客户找到最适合他们的职业路径，提供实用的策略和资源，帮助他们在职业生涯中取得成功。

（三）培养兴趣与实现成长

兴趣，通常被视为个体内在动机的源泉，它在很大程度上决定了一个人是否愿意持续地学习和不断进步。兴趣不仅能够激发个人的热情，还能在面对困难和挑战时提供强大的动力。本书将深入探讨兴趣的培养如何有效地促进个人的成长和发展，以及如何通过发现和深化兴趣从而实现个人的全面发展和自我实现。

首先，兴趣是个人内在动机的重要来源之一。内在动机指来自个体内部的驱动力，而不是外部的奖励或惩罚。当一个人对某件事情感兴趣时，他会更加积极主动地投入时间和精力，从而在学习和实践中获得更多的乐趣及满足感。这种内在的满足感会进一步增强他的学习动力，形成一个良性循环。

其次，兴趣能够帮助个人在学习过程中保持持久的专注和热情。面对复杂和枯燥的学习内容，兴趣可以作为一种强大的心理支持，帮助个人克服困难，坚持到底。兴趣还可以激发个人的创造力和想象力，使他们在学习过程中不断产生新的想法和解决方案，从而提高学习效率和质量。

最后，兴趣的培养对于个人的全面发展具有重要意义。通过发现和深化自己的兴趣，个人可以更好地了解自己的优势和潜能，从而有针对性地进行自我提升和发展。兴趣还可以帮助个人建立积极的人际关系，因为共同的兴趣往往能够拉近人与人之间的距离，促进交流与合作。

为了更好地培养兴趣，个人可以采取以下策略。首先，保持好奇心和开放心态，积极探索未知的领域和新的事物。其次，设定具体的目标和计划，通过逐步实现这些目标来增强自己的成就感和自信心。最后，多与志同道合的人交流和互动，从他人的经验和建议中获得启发和动力。

总之，兴趣是个体内在动机的源泉，是推动个人持续学习和发展的重要因素。通过发现和深化兴趣，个人不仅能够获得更多的知识和技能，还能实现全面发展和自我实现。因此，培养和维持兴趣对于每个人来说都具有重要的意义和价值。

1. 培养兴趣的途径

（1）开放心态。保持一颗充满好奇的心，愿意积极地接受和尝试各种新鲜事物，勇敢地去体验不同的经历和活动。

（2）多元体验。通过积极参与各种形式的活动，如工作坊、课程、志愿者活动等，我们可以有效地拓宽自己的视野，发现那些潜在的兴趣点。这些活动不仅能提供丰富的学习机会，还能让我们在实践中不断探索和尝试，从而更好地了解自己真正喜欢什么，不喜欢什么。在工作中，我们可以与他人交流思想，学习新的技能；在课程中，我们可以系统地掌握知识，深化理解；在志愿者活动中，我们可以为社会做出贡献，同时获得心灵上的满足。通过这些多样化的活动，我们不仅能够丰富自己的生活经验，还能在不断探索中找到那些隐藏在日常生活中的兴趣爱好。

（3）自我反思。定期花时间回顾和审视自己的内心感受以及所经历的各种体验，认真思考和分析哪些具体的活动或事情能够让自己感受到兴奋和满足。通过这种方式，我们可以更好地了解自己的兴趣和需求，从而在未来的日子里做出更符合自己内心期望的选择。

2. 利用兴趣实现成长

（1）设定目标。在明确了自己的兴趣所在之后，接下来是制定具体的目标，这些目标可以是学习一项新的技能，也可以是参加某项比赛，甚至是完成一个具有挑战性的项目。通过设定这些具体的目标，你可以更有方向地去努力，从而在实现目标的过程中不断进步和提升自己。例如，如果你对编程感兴趣，你可以设定一个目标去学习一种新的编程语言，或者参加一个编程比赛来检验自己的学习成果。如果你喜欢绘画，你可以设定一个目标去完成一幅大型画作，或者参加一个艺术展览来展示自己的作品。通过这些具体的目标，你可以更有动力地去追求自己的兴趣，并在这个过程中获得成就感和满足感。

（2）持续学习。通过阅读各种书籍、参加系统的课程学习以及亲身实践等多种方式，我们可以深入地学习和掌握与自己兴趣爱好相关的知识和技能。无论是通过阅读经典著作，还是通过参加线上或线下的课程，抑或通过亲身参与各种实践活动，我们都可以逐步积累和提升自己在某一领域的专业素养和实际操作能力。通过这些方法，我们不仅能够获得理论上的知识，还能在实践中不断检验和修正自己的理解，从而真正地掌握和精通与自己兴趣相关的知识和技能。

（3）寻求反馈。与他人分享自己的兴趣爱好和所取得的成果，积极听取他们的反馈和建议，这样可以不断地进行改进和提升。通过这种方式，我们可以获得新的视角和思路，进一步完善自己的技能和知识。同时，这种互动也能增强与他人的交流和合作，形成一个积极向上的学习氛围。

3. 案例研究：小明的成长之路

小明是一位对音乐充满热情的年轻人。从小，他就对音乐表现出了浓厚的兴趣，最初只是随意地弹弹吉他，享受音乐带来的乐趣。然而，随着时间的推移，他不再满足于简单的弹奏，而是渴望更深入地探索音乐的世界。通过积极参加各种音乐夏令营和报名参加系统的吉他课程，小明逐渐地培养出自己独特的音乐风格。他不仅在乐器技术上有了显著的提升，还在音乐理念上有了自己独到的见解。

随着对音乐的热爱与日俱增，小明决定将音乐作为自己的职业道路。他开始有意识地规划自己的音乐生涯，定期参加各类音乐会，与来自不同背景的音乐人交流心得，吸取他们的经验和智慧。通过不断地练习和创作，小明的技巧和创作能力得到了显著的提升。他的音乐作品逐渐受到越来越多听众的认可和喜爱。最终，小明成功地成了一名备受瞩目的音乐人。他的音乐作品不仅在本地获得了广泛赞誉，甚至在更广阔的音乐圈内也赢得了极高的评价。

六、自我职业能力的探索

（一）能力与生涯发展的概念

个人的生涯发展是一个复杂且动态的过程，它涉及诸多因素的相互作用和影响。在这个过程中，个人的能力扮演着至关重要的角色，不仅决定了我们能够从事哪些职业，还深刻地影响着我们生涯的轨迹和方向。本书旨在深入探讨能力与生涯发展之间的内在联系，并分析如何通过积极地发展和运用个人能力来推动和促进个人的生涯成长。

首先，个人能力的提升能够为我们打开更多的职业选择大门。具备多样化的技能和知识，使我们在面对各种职业机会时更加从容不迫，能够迅速适应并胜任不同的工作环境。例如，具备良好的沟通能力、团队合作精神以及专业技能的人，更容易在职场上获得成功。

其次，个人能力的持续发展有助于我们更好地应对生涯中的各种挑战和变化。在快速变化的社会和经济环境中，只有不断学习和提升自己的能力，才能保持竞争力，避免被时代淘汰。例如，掌握新技术、新工具和新方法，能够让我们在工作中更加高效，从而在职业生涯中取得更大的成就。

最后，个人能力的运用对生涯发展具有重要影响。通过将个人能力与职业目标相结合，我们可以更好地规划自己的生涯路径，实现自我价值的最大化。例如，具备创新思维和领导能力的人，可以在组织中担任管理职位，引领团队走向成功。

为了促进个人的生涯成长，我们需要采取一系列策略来发展和运用我们的能力。首先，制订明确的职业目标和计划，明确自己希望在职业生涯中达到的成就。其次，不断学习新知识和技能，保持对新事物的好奇心和探索精神。再次，积极参与各种实践活动，通过实际操作来提升自己的能力。最后，建立良好的人际关系网络，借助他人的经验和资源来促进自己的成长。

总之，个人能力在生涯发展中起着至关重要的作用。通过不断学习和提升自己的能力，并将其有效地运用到职业生涯中，我们可以更好地应对各种挑战，实现自己的职业目标，从而推动个人的生涯成长。

1. 能力的定义与分类

（1）定义。能力是个体在执行特定任务或参与某种活动时所表现出的心理或物理特征，这些特征决定了个体在完成任务时的效率和效果。能力不仅仅局限于智力或体力，还包括情感、社交和创造力等方面。一个人的能力水平可以通过其在特定情境中的表现来评估，例如，解决问题的能力、沟通能力、团队合作能力等。这些能力的高低直接影响着个体在工作、学习和日常生活中取得成功的可能性。因此，培养和提升各种能力对于个人的全面发展至关重要。

（2）分类。能力这一概念可以进一步细分为多个不同的维度，其中包括认知能力、社交能力和实践能力。认知能力主要涉及个体在思维和理解方面的表现，如逻辑思维能力，指个体在分析问题和解决问题时所表现出的条理性和系统性。此外，认知能力还包括记忆力、注意力、判断力等多种思维技能。

社交能力关注个体在人际交往中的表现，如沟通技巧。沟通技巧指个体在与他人交流时所表现出的表达能力和理解能力，包括语言表达、倾听、非语言沟通等方面。社交能力还包括团队合作、冲突解决、领导力等多种人际互动技能。

实践能力侧重于个体在实际操作中的表现，如操作技能。操作技能指个体在具体任务中所表现出的动手能力和技术熟练度，如手工操作、机械操作、实验操作等。实践能力还包括创新能力、问题解决能力等多种实际应用技能。

通过将能力细分，我们可以更全面地理解和评估个体在不同领域的表现，从而有针对性地进行培养和提升。

2. 生涯发展的概念与阶段

（1）概念。生涯发展指个体在其职业生涯过程中所经历的持续成长和不断进步的过程。这个过程涵盖了从个人的职业选择、职业适应、职业技能提升，到职业满意度和职业成就的各个阶段。在这个过程中，个体不仅需要积累相关的知识和技能，还需要不断地进行自我反思和调整，以适应不断变化的职业环境和市场需求。通过不断学习和实践，个体可以逐步实现自己的职业目标，提升职业竞争力，最终达到职业生涯的高峰。

（2）阶段。在一个人的职业生涯发展过程中，通常会经历几个关键的阶段，这些阶段包括探索阶段、建立阶段、维持阶段和转换阶段。首先，在探索阶段，个人会尝试不同的职业路径，通过实习、兼职或志愿活动等方式，了解自己的兴趣和能力，从而找到适合自己的职业方向。其次，在建立阶段，个人会专注于在选定的职业领域内积累经验和技能，逐步建立起自己的职业基础和专业地位。再次，在维持阶段，个人会通过不断学习和适应，保持自己在职业领域的竞争力，确保职业生涯的稳定和持续发展。最后，在转换阶段，个人可能会因为各种原因，如行业变化、个人兴趣转移等，需要进行职业转型或重新定位，从而进入一个新的职业生涯阶段。这一过程中，个人需要具备灵活应变的能力，以适应不断变化的职业环境和市场需求。

（二）能力与生涯发展的关系

（1）生涯探索。在职业生涯的探索阶段，个体通过各种能力的培养和应用，能够更深入地了解自己的兴趣、优势和价值观。这些能力包括自我认知、分析判断、决策制定等，它们共同作用，帮助个体在众多职业选项中找到最适合自己的领域。通过不断地自我探索和实践，个体能够明确自己的职业目标，制定合理的职业规划，从而在未来的职场中发挥出最大的潜力，实现个人价值。

（2）生涯建立。在职业生涯的早期阶段，即所谓的生涯建立阶段，个体通过培养和提升特定的关键能力，可以显著地增强自己在职场中的竞争力和稳定性。这些特定能力包括专业技能、沟通能力、团队合作能力以及解决问题的能力等。通过不断学习和实践，个体能够更好地适应工作环境，应对各种挑战，并在职业道路上逐步站稳脚跟。这种能力的提升不仅有助于个体在当前职位上取得成功，还能为其未来的职业发展打下坚实基础。

（3）生涯维持和转换。在职业生涯的维持和转换阶段，个体通过不断地提升和增强自身的能力，可以更好地适应各种变化，从而保持其在职场中的竞争力。随着行业的发展和技术的进步，持续学习和技能提升变得尤为重要。这不仅有助于个体在现有的工作岗位上保持高效和创新，还能为未来可能的职业转换做好准备。通过不断积累新的知识和技能，个体可以在面对职业挑战时更加从容不迫，从而在激烈的市场竞争中脱颖而出。

（三）案例研究：李某的生涯发展之路

李某是一名才华横溢的软件工程师，他在大学期间通过参与各种实习和项目，不断地锻炼和提升自己的编程技能及团队合作能力。在实习过程中，他积极参与项目讨论，与团队成员紧密合作，共同解决技术难题，从而积累了丰富的实践经验。毕业后，凭借这些扎实的技能和丰富的经验，他成功地在一家知名科技公司谋得了一份令人羡慕的工作。

在这家科技公司，李某继续努力工作，不断学习新技术，提升自己的技术能力。同时，他也注重提高自己的管理能力，积极参与团队管理和项目协调工作。通过不断地努力和学习，他的技术能力和管理能力得到显著提升。随着时间的推移，他的出色表现得到了公司领导的认可，最终他被提拔为部门经理。

在新的职位上，李某继续发展自己的领导力和战略思维能力。他注重团队建设和人才培养，努力营造一个高效、和谐的工作环境。同时，他还积极参与公司的战略规划，为公司的发展方向和决策提供有力的支持。通过他的努力，部门的工作效率显著提高，项目质量也得到了客户的高度认可。李某为公司的发展做出了巨大的贡献，成为公司不可或缺的核心人物。

七、探索和提升职业能力的方法和途径

在当今社会的职场环境中，职业能力的提升已经逐渐成为一个至关重要的议题。这不仅关系到个人的职业生涯发展和职业前景，还是企业保持其市场竞争力和持续发展的关键所在。随着科技的迅猛发展和行业的不断变革，个人和

企业都必须不断适应新的挑战和需求，以确保在激烈的市场竞争中立于不败之地。

为了实现这一目标，个人需要通过不断学习和实践来提升自己的专业技能及综合素质。这包括参加各种培训课程、获取相关资格证书、积累实际工作经验以及拓展人际网络等。通过这些方式，个人可以增强自己的核心竞争力，从而在职场中脱颖而出，获得更多的职业发展机会。

与此同时，企业也应重视员工的职业能力提升，通过提供培训和发展机会来支持员工的成长。这不仅有助于员工个人的职业发展，还能为企业带来更高的工作效率和更强的创新能力。企业可以通过建立内部培训体系、鼓励员工参加外部培训、提供职业发展规划等方式，帮助员工不断提升自身的职业能力。

总之，在现代职场中，职业能力的提升已经成为一个不可忽视的重要议题。无论是个人还是企业，都应重视并采取有效措施应对这一挑战，以确保在不断变化的市场环境中保持竞争力和持续发展。

（一）自我评估与反思

（1）自我评估。定期对自己的职业能力进行评估，以识别自身的优势和弱点，是非常重要的。通过这种自我审视的过程，我们可以更好地了解自己在工作中的表现和潜力。首先，评估可以帮助我们明确自己在哪些领域表现出色，从而进一步发挥这些优势，提升工作效率和质量。其次，通过识别弱点，我们可以有针对性地进行改进和提升，避免在工作中出现失误或不足。最后，定期的职业能力评估可以帮助我们制定职业发展规划，明确未来的学习和成长方向，从而在职业生涯中不断进步和提升。总之，定期对自己的职业能力进行评估，不仅能帮助我们更好地认识自己，还能为我们的职业发展提供有力的支持和指导。

（2）反思。在日常的工作过程中，我们应该始终保持积极主动的态度，不断地进行自我反思和总结。通过回顾自己的工作表现和成果，我们可以从中发现存在的问题和不足之处，从而吸取宝贵的经验教训。这种持续的自我提升和改进，不仅有助于提高个人的工作能力和效率，还能为团队和组织带来更大的价值。因此，我们应该养成在工作中不断反思和总结的习惯，以确保我们在职业道路上不断进步，实现自我超越。

（二）教育和培训

（1）正式教育。通过参加系统的学术课程，学生能够深入学习和掌握各种专业知识和技能。这些课程不仅涵盖广泛的学科领域，还注重理论与实践的结合，帮助学生在学术和职业发展方面打下坚实基础。通过课堂讲授、实验操作、案例分析等多种教学方式，学生能够全面了解和掌握所学领域的核心概念、方法和技术。此外，学术课程鼓励学生进行批判性思维和创新性研究，培养他们解决复杂问题的能力，为未来的职业生涯做好准备。

（2）在职培训。参加公司或外部机构所提供的培训课程，可以有效地提升个人的专业技能和知识水平。这些培训课程通常涵盖各种领域，包括但不限于技术、管理、沟通和领导力等方面。通过参加这些课程，员工不仅能够学习到最新的行业动态和前沿技术，还能获得实际操作的经验和技巧。此外，培训课程还提供了一个良好的交流平台，使参与者能够与其他专业人士进行互动和分享，从而拓宽人脉和视野。无论是公司内部组织的培训，还是外部机构提供的专业课程，都是提升个人综合素质和职业竞争力的重要途径。

（三）实践经验

（1）实习和兼职。通过亲身参与实际的工作任务和项目，能够积累宝贵的经验，并在此过程中不断提升和增强自己的职业能力。

（2）项目参与。通过参与各种不同类型的项目，有机会锻炼和提升自己解决问题的能力。在这些项目中，面对各种挑战和难题，学会如何分析问题、制定解决方案，并有效地执行这些方案。每一次项目的完成，都让我们在解决问题的过程中积累了宝贵的经验和技能。

（四）导师指导

（1）寻找导师。寻找那些在相关领域拥有丰富经验和深厚知识的导师，向他们寻求宝贵的指导和建议。

（2）建立良好关系。与导师建立良好的关系，积极学习其丰富的经验和深厚的知识。通过定期的交流和讨论，不断吸收导师在学术和实践中的智慧，从而提升自己的专业素养和研究能力。同时，保持谦虚的态度，认真听取导师的建议和指导，以便在学术道路上走得更远。

（五）网络与社区

（1）线上学习平台。利用MOOCs（大规模开放在线课程）、Coursera以及其他类似的在线学习平台，我们可以随时随地进行自我提升和学习新知识。这些平台提供了各种各样的课程，涵盖从计算机科学、数据分析、人工智能到人文社科、艺术、语言学习等领域。通过这些平台，我们可以接触到世界各地顶尖大学和机构的优质课程资源，从而获得系统的学习体验。无论是为了职业发展、兴趣爱好，还是为了扩展知识面，这些在线学习平台都为我们提供了便捷而高效的学习途径。

（2）专业社群。加入与自己行业相关的社群，积极与同行进行交流和分享，从而获取更多的经验和知识。

（六）持续学习和终身学习

（1）阅读书籍和期刊。通过阅读与自己专业领域相关的书籍、学术期刊以及最新的研究论文，可以有效地拓展和深化自己的知识储备。这样不仅能够了解行业内的最新动态和前沿进展，还能提升自己的专业素养和研究能力。通过不断学习，可以更好地应对未来学术或职业道路上的挑战。

（2）参加研讨会和会议。参加与自己行业相关的各类研讨会和专业会议，积极与行业内的专家和同行交流，从而获取最新的行业动态和信息。

八、自我职业价值观探索

每个人在选择职业时，不仅会受到自身技能和经验的制约，还会受到个人价值观的深刻影响。了解和认识自己的职业价值观，能够帮助我们在职业道路上做出更加符合自己内心深处追求和期望的决策。通过对自身价值观的深入探索，我们可以更好地理解自己真正想要从职业生涯中获得什么，从而做出更加明智和满意的选择。这种自我认知的过程，不仅能提升我们的职业满意度，还能帮助我们在工作中找到更多的成就感和幸福感。

（一）职业价值观的内涵

职业价值观指个体在进行职业选择和职业行为时所表现出的价值取向和偏好，它深刻地反映了个体对于职业世界的看法、态度以及期望。这些价值观通常由个人的成长经历、教育背景、家庭环境以及社会文化等多种因素共同塑造而成。它们在个体的职业决策过程中扮演着至关重要的角色，影响着个体的职业选择、职业满意度以及职业发展路径。通过理解自己的职业价值观，个体可以更好地进行职业规划，找到与自己价值观相契合的工作，从而实现个人的职业目标和生活目标。

具体来说，职业价值观包括对工作的热爱程度、对职业成就的追求、对工作与生活平衡的重视、对社会贡献的期望等方面。例如，有些人可能更看重工作的稳定性，希望在职业生涯中获得长期的保障；而有些人可能更注重工作的挑战性和创新性，愿意不断尝试新的领域和任务。这些不同的价值取向会直接影响个体在选择职业时的决策，以及在职业生涯中的行为和表现。

此外，职业价值观还受到社会环境和文化背景的影响。在某些文化中，个体可能更倾向于选择那些能够带来社会地位和声望的职业；而在某些文化中，人们可能更看重工作的社会意义和对社会的贡献。家庭环境也会对个体的职业价值观产生重要影响，父母的职业选择、家庭的经济状况以及家庭成员对工作的态度都会在无形中影响个体的职业观。

在职业决策过程中，了解和明确自己的职业价值观是非常重要的。这有助于个体在面对职业选择时，能够更加清晰地认识到自己的需求和期望，从而做出更符合自己内心的职业选择。同时，职业价值观的明确也有助于个体在职业生涯中保持动力和热情，更好地应对职业挑战，实现个人的职业目标和生活目标。通过不断地反思和调整自己的职业价值观，个体可以更好地适应职业环境的变化，找到最适合自己的职业发展路径。

（二）舒伯的工作价值观

美国著名心理学家唐纳德·E.舒伯（Donald E. Super）在其职业生涯发展理论中提出了一个核心概念，即工作价值观。舒伯认为，个体在选择和评价工作时，会受到一系列价值观的影响，这些价值观主要涵盖八个方面：

（1）经济报酬。经济报酬是指工作所能带来的物质回报，包括薪水、奖金、福利等。经济报酬是衡量工作价值的重要因素之一，因为它直接关系到个体的生活质量和经济安全感。例如，一个人可能会选择一份高薪的工作，以确保自己能够负担得起高品质的生活和应对未来的不确定性。

（2）独立性。独立性涉及工作中的自主权和决策权。拥有较高独立性的职业允许个体在工作中有更多的自由和控制权，能够根据自己的判断和选择来完成任务和解决问题。例如，一个自由职业者可能会享受这种独立性，因为他们可以自主安排工作时间、选择项目和客户。

（3）安全感。工作安全感指工作的稳定性和保障性，包括长期就业的可能性和职业发展的稳定性。高安全感的工作能够为个体提供稳定的生活环境和心理上的安全感。例如，公务员通常享有较高的工作安全感，这使得他们在职业选择上更加稳定和可靠。

（4）创造性和挑战性。这方面关注工作能否提供创新和挑战的机会。具有创造性和挑战性的工作能够激发个体的潜能，促进其不断学习和成长，从而实现个人发展。例如，一个研发工程师可能会被那些需要不断解决复杂问题和开发新技术的工作所吸引。

（5）人际关系。工作环境中的人际互动也是重要的工作价值观之一。良好的人际关系能够为个体提供支持和合作的机会，增强工作满意度和团队凝聚力。例如，在一个团队合作氛围浓厚的公司中，员工可能会感到更加愉快和满足。

（6）地位和声望。工作带来的社会地位和声誉是个体在社会中被认可和尊重的体现。高地位和声望的工作能够提升个体的自尊心和社会认同感。例如，律师或医生等职业通常享有较高的社会地位和声望，这使得从事这些职业的人感到自豪和满足。

（7）自我实现。通过工作实现个人潜能和价值的机会是个体追求自我实现的重要途径。自我实现指个体在工作中充分发挥自己的才能和潜力，实现个人目标和梦想。例如，一个艺术家可能会通过创作独特的艺术作品实现自我价值和表达自我。

（8）生活质量。工作对个人生活质量的影响也是不可忽视的工作价值观之一。高质量的工作能够为个体提供良好的工作与生活平衡，使个体在享受工作乐趣的同时，也能拥有充沛的时间和精力享受生活。例如，一个远程工作者可能会更加重视工作与生活的平衡，从而选择那些能够提供灵活工作时间和地点的工作。

通过深入理解这些工作价值观，个体可以更好地评估和选择适合自己的职业道路，从而实现职业生涯的全面发展。

（三）探索职业价值观的活动

（1）自我反思。花时间深入思考自己在工作中真正追求的是什么，哪些价值观对你来说是至关重要的。通过这种反思，你可以更好地了解自己的内在需求和期望，从而在职业选择上做出更符合自己内心的选择。例如，你可能会发现自己更看重工作的社会影响力，而不是仅仅追求高薪。这种自我认知可以帮助你在面对职业选择时，更加坚定地朝着符合自己价值观的方向前进。

（2）职业规划。制定一个长期的职业规划，明确自己的职业目标和价值观。这不仅包括你希望达到的职业高度，还包括你希望在工作中实现的价值和意义。通过明确这些目标和价值观，你可以更有方向地规划自己的职业道路。例如，你可以设定在未来五年内成为一名项目经理，并在工作中实现团队合作和创新的价值观。

（3）职业测试。参加各种职业测评，如霍兰德职业兴趣测验，以了解自己的职业倾向和价值观。这些测试可以帮助你更好地认识自己的兴趣和优势，从而找到最适合自己的职业方向。通过霍兰德职业兴趣测验，你可能会发现自己更适合从事艺术型或研究型的工作，这将为你未来的职业选择提供重要的参考依据。

（4）实践体验。通过实习、兼职、志愿服务等方式，亲身体验不同的职业领域，了解自己真正感兴趣的工作类型。这种实践体验不仅可以帮助你积累宝贵的工作经验，还可以让你更直观地感受到不同职业的日常工作和环境，从而找到最适合自己的职业路径。例如，你可能会在一次志愿者活动中发现，自己对教育工作充满了热情，这将引导你未来选择与教育相关的职业道路。

（5）职业访谈。与从事不同职业的人进行深入交谈，了解他们的工作体验和价值观。通过这种访谈，你可以从他人的经验中学习，了解不同职业的优缺点，从而更好地判断自己是否适合某个职业。例如，你可以与一位成功的律师进行交流，了解他们在法律行业中的工作压力和成就感，这将帮助你更全面地评估自己是否适合从事法律职业。

（6）持续学习。通过阅读专业书籍、参加研讨会、在线课程等方式，不断学习和更新与职业价值观相关的知识。持续学习不仅可以帮助你保持竞争力，还可以让你不断更新自己的职业观念，适应不断变化的职业环境。例如，你可以定期阅读行业报告和最新的研究论文，了解行业发展趋势，从而在职业发展中保持领先地位。

（四）自我职业性格的探索

自我职业性格的探索是一个人职业生涯规划中不可或缺的重要环节。通过深入地了解和分析自己的职业性格，我们可以更好地认识到自身的特质和优势所在，从而在职业选择和发展过程中做出更为明智和适合自己的决策。同时，这一过程也能帮助我们发现那些需要改进和提升的方面，以便在职业生涯中不断进步和完善自己。

具体来说，自我职业性格的探索包括对自己兴趣、价值观、技能和个性等方面的深入了解。通过各种职业性格测试、自我反思和他人反馈等方式，我们可以更清晰地认识到自己在工作中的行为模式和偏好，从而找到最适合自己的职业路径。例如，有些人可能更适合团队合作的工作环境，而有些人则可能更适合独立完成任务。了解这些差异有助于我们在选择职业时做出更合适的选择。

此外，自我职业性格的探索还能帮助我们在职业生涯中设定合理的目标和期望。通过了解自己的优势和劣势，我们可以有针对性地制订职业发展计划，不断提升自己的竞争力。例如，如果发现自己在沟通能力上有待提高，那么可以有针对性地参加相关的培训课程，提升这方面的能力。

总之，自我职业性格的探索是一个持续的过程，它不仅能帮助我们更好地了解自己，还能为我们的职业生涯规划提供重要的指导和支持。通过不断地自我反思和探索，我们可以找到最适合自己的职业道路，实现个人的职业目标和职业发展。下面探讨一下 MBTI 职业性格类型。

MBTI（Myers–Briggs Type Indicator）是一种广泛使用的性格评估工具，根据个体在四个维度上的偏好划分出 16 种性格类型。

（1）4 组维度、8 个向度。

1）内向—外向（I–E）。根据能量集中的指向来区分，外向型关注自己如何影响外部环境，将心理能量和注意力聚集于外部世界和平时与他人的交往上。例如，聚会、评论、聊天，关注外部环境的变化对自己的影响。内向型将心理能量和注意力聚集于内部世界，注重自己的内心体验。例如，独立思考、看书，避免成为注意的中心，听的比说的多。

2）实感—直觉（S–N）。根据收集信息的方式不同来区分。实感型的人关注由感觉器官获取的具体信息：看到的、听到的、闻到的、尝到的、触摸到的事物。例如，关注细节、喜欢描述、喜欢使用和琢磨已知的技能。直觉型的人关注事物的整体和发展变化趋势：灵感、预测、暗示，重视推理。例如，重视想象力和独创力，喜欢学习新技能，但容易厌倦，喜欢使用比喻，从而跳跃性地展现事实。

3）思维—情感（T–F）。根据个人做决定的方式不同来区分。思维型的人重视事物之间的逻辑关系，喜欢通过客观分析作决定评价。例如，理智、客观、公正。情感型的人以自己和他人的感受为重，将价值观作为判定标准。例如，对他人情感的影响敏感，关注人与人之间的关系。

4）判断—知觉（J–P）。根据个人最感到舒适的生活方式不同来区分。判断型的人先工作后玩，确立目标并按时完成，注重结果；知觉型的人如果有时间就会先玩后工作，有新情况时便改变目标，注重过程，通过接触新事物获得满足。

（2）16 种性格类型。以上 4 组维度、8 个向度两两组合，便可以得到 16 种性格类型。

1）"ENTP"（外向 + 直觉 + 思维 + 知觉）。反应快、睿智，有激励别人的能力，警觉性强、直言不讳。在解决新的、具有挑战性的问题时机智而有策略；善于找出理论上的可能性，然后再用战略的眼光分析。善于理解别人，不喜欢例行公事，很少会用相同的方法做相同的事情，倾向于一个接一个地发展新的爱好。较适合做演员、记者、营销人员、摄影师、销售人员等。

2）"INTP"（内向＋直觉＋思维＋知觉）。对任何感兴趣的事物，都要探索一个合理的解释。喜欢理论和抽象的事情，喜欢理念思维多于社交活动。沉静，满足，有弹性。

3）"ESFJ"（外向＋实感＋情感＋判断）。有爱心、有责任心、合作。希望周边的环境温馨而和谐，并为此营造这样的环境。喜欢和他人一起默契、圆满地完成任务。忠诚，即使在细微的事情上也是如此。能体察到他人的日常所需并竭尽全力帮助。希望自己和自己的所为能受到他人的认可和赏识。较适合做美容师、健康工作者、办公人员、秘书、教师等。

4）"ISFJ"（内向＋实感＋情感＋判断）。沉静，友善，有责任感和谨慎。能坚定不移地承担责任。做事贯彻始终、不辞劳苦和准确无误。忠诚，替人着想，细心；往往记着他所重视的人的种种微小事情，关心别人的感受。努力创造一个有秩序、和谐的工作和家居环境。较适合做健康工作者、图书管理员、店员、餐饮服务员、教师等。

5）"ENFP"（外向＋直觉＋情感＋知觉）。热情洋溢、富有想象力。认为生活充满很多可能性。能很快地将事情和信息联系起来，然后很自信地根据自己的判断解决问题。十分需要别人的肯定，又乐于欣赏和支持别人。灵活、自然、不做作，有很强的即兴发挥的能力，言语流畅。较适合做演员、咨询师、记者、音乐家、公关人员等。

6）"INFP"（内向＋直觉＋情感＋知觉）。理想主义者，忠于自己的价值观及自己所重视的人。外在的生活与内在的价值观配合，有好奇心，能迅速判断出发展的可能与否，能够加速对理念的实践。试图了解别人、协助别人发展潜能。适应力强，有弹性；如果和自己的价值观没有抵触，往往能包容他人。较适合做艺术工作者、娱乐工作者、编辑、心理学家、社会工作者、作家等。

7）"ENFJ"（外向＋直觉＋情感＋判断）。温情、有同情心、反应敏捷、有责任感。非常关注别人的情绪、需要和动机。善于发现他人的潜能，并希望能帮助他们实现。能够成为个人或群体成长和进步的催化剂。忠诚，对赞美和批评都能做出积极回应。友善、好社交。在团体中能很好地帮助他人，并有鼓舞他人的领导能力。较适合做演员、咨询师、音乐家、教师等。

8）"INFJ"（内向＋直觉＋情感＋判断）。寻求思想、关系、物质等之间的意义和联系。希望了解什么是能够激励人的事物，对人有很强的洞察力。有责任心，坚持自己的价值观。在目标的实现过程中遵守计划而且果断坚定。较适合做艺术工作者、音乐家、心理医生、教师、作家等。

9）"ESTP"（外向＋实感＋思维＋知觉）。灵活、忍耐力强、实际、注重结果；觉得理论和抽象的解释非常无趣。喜欢积极地采取行动解决问题；注重当前，自然不做作，享受和他人在一起的时刻；喜欢物质享受和时尚；学习新事物最有效的方式是通过亲身感受和练习。较适合做财务核查员、工匠、警察、销售人员、服务员等。

10）"ISTP"（内向＋实感＋思维＋知觉）。容忍，有弹性；是冷静的观察者，但当有问题出现时，便迅速行动，找出可行的解决方法。能够分析哪些东西可以使事情顺利进行，又能够从大量资料中找出实际问题的重心。很重视事件的前因后果，能够以理性的原则把事实组织起来，重视效率。较适合做手工艺者、建筑工程师、机械工作者、统计人员等。

11）"ESTJ"（外向＋实感＋思维＋判断）。实际、现实主义、果断，一旦下决心就会马上行动；善于将项目和人组织起来将事情完成，并尽可能用最有效的方法得到结果；注重日常的细节，有一套非常清晰的逻辑标准并系统性地认真遵循，同时希望他人也同样遵循；在实施计划时坚定有力。较适合做督导者、行政人员、财务总监、经理、推销员等。

12）"ISTJ"（内向＋实感＋思维＋判断）。沉静、认真；贯彻始终、得人信赖而取得成功。讲究实际，注重事实和有责任感。能够合情合理地去决定应做的事情，而且坚定不移地完成，不会因外界事物而分散注意力。以做事有次序、有条理为乐，无论是在工作上、家庭上还是在生活上。重视传统和忠诚。较适合做会计师、财务核查人员、工程师、财务经理、警察、技师等。

13）"ENTJ"（外向＋直觉＋思维＋判断）。坦诚、果断，有天生的领导能力。能迅速察觉公司或组织程序和政策中的不合理性和低效性，发展并实施有效和全面的系统来解决问题。善于做长期的计划和目标的设定。通常见多识广、博览群书，喜欢拓宽自己的知识面并将此分享给他人。在陈述自己的想法时非常强而有力。较适合做行政人员、律师、经理、营销人员、工程人员等。

14）"INTJ"（内向＋直觉＋思维＋判断）。完美主义者，沉静、友善、敏感和仁慈。欣赏目前和周遭所发生的事情。喜欢有自己的空间，做事又能把握自己的时间。忠于自己的价值观、自己所重视的人。不喜欢争论和冲突，不会强迫别人接受自己的意见或价值观。较适合做电脑分析师、工程师、法官、律师、工程人员、科学家等。

15）"ESFP"（外向＋实感＋情感＋知觉）。外向、友好，接受力强，热爱生活。亲人类，乐于精神或物质上的享受，喜欢与别人一起合作，总能将事情做成功；在工作中注重常识和实效，总会使工作显得有趣：灵活、自然不做作，对于新的事物能很快适应；学习新事物最有效的方式是和他人一起尝试。较适合做儿童保育员、采矿工程师、秘书、督导等。

16）"ISFP"（内向＋实感＋情感＋知觉）。安静、友好、敏感、和善；喜欢有自己的空间，喜欢能按照自己的时间表工作；对于自己的价值观和自己觉得重要的人非常忠诚，有责任心；不喜欢争论和冲突，不会将自己的观念和价值观强加到别人身上。较适合做文书工作者、建筑工作者、音乐家、户外工作者、油漆工作者等。

（五）探索自我职业性格的活动

（1）职业测试。除 MBTI 之外，还有许多其他的职业测试，如霍兰德职业兴趣测验、DISC 性格测试等，可以帮助我们了解自己的职业倾向和性格特点。这些测试通过一系列问题，评估我们的兴趣、能力和潜在的职业发展方向，从而为我们提供有价值的参考。

（2）性格测试。除了职业测试，性格测试如大五人格测试、九型人格测试等，也能帮助我们更深入地了解自己的性格特质。这些测试通过分析我们的行为模式、情感反应和社交倾向，揭示我们在工作和生活中可能表现出的特点。

（3）反馈收集。向亲友、同事和导师寻求反馈，了解他们眼中的我们。这样可以获取到我们自己可能没有意识到的优点和需要改进的地方。通过他们的观察和评价，我们可以更全面地认识自己，发现那些在自我评估中可能被忽视的方面。

（4）实习和志愿活动。通过参与实践活动，我们可以亲身体验不同的职业环境和工作内容，进一步了解自己的职业喜好和能力。实习和志愿活动不仅能让我们在实际工作中检验自己的兴趣和适应性，还能提供宝贵的工作经验，有助于我们在未来的职业选择中做出更明智的决定。

（六）完善性格

完善性格是一个长期且持续的过程。以下是具体建议：

（1）意识培养。认识到自己的优势和弱点是改变的第一步。通过自我反思和接受反馈，我们可以更清楚地了解自己的性格特点。定期进行自我评估，记录自己的行为和情绪反应，有助于我们更好地认识自己。

（2）学习与培训。针对自己的弱点，参加相关的学习和培训，如沟通技巧、时间管理等，以提升个人能力。通过阅读专业书籍、参加线上课程或线下讲座，我们可以不断充实自己，提高在职场中的竞争力。

（3）心态调整。通过阅读、冥想、运动等方式调整自己的心态，增强抗压能力和情绪管理能力。保持积极的心态，学会在压力下保持冷静，有助于我们在职业生涯中更好地应对挑战。

（4）设置目标。为自己设定短期和长期目标，以此激励自己不断进步，同时也可以衡量自己的成长。明确的目标可以帮助我们保持动力，不断追求卓越，实现个人和职业的双重成长。

自我职业性格探索是一段持续一生的旅程。通过MBTI等工具了解自己的性格类型，参与各种探索活动，并致力于完善自己的性格，我们可以更好地适应职业环境，实现个人和职业的双重成长。在这个过程中，我们不仅能够找到适合自己的职业道路，还能不断提升自我，实现自我价值。

九、职业规划

这里的职业规划与第一章的职业生涯规划有密切的联系，但这里提到的职业生涯规划重点从规划期限、规划的特性、规划的作用三个方面加以介绍。

（一）职业规划期限

职业规划期限根据规划的时间分为短期规划、中期规划和长期规划，一般以五年为一个跨度，五年以内是短期规划、五年至十年是中期规划，比十年更长的时间则属于长期规划。

五年以内的短期规划，规划的是职业目标，五年至十年的中期规划侧重于规划如何能在行业立足。长期规划是在短期规划完成之后，即在工作单位或社会上已经能够立足，根据实际情况，对比发展的优劣势所确立的长期目标。比十年更长的长期规划则侧重于如何实现更好的发展，设立长期规划的目的则是今后如何去做才能实现更好的发展。

（二）职业规划的特性

1. 目的性

目的性是职业规划的第一属性，设立职业规划的目的是结合自己实际情况谋求未来自己的职业生涯如何发展，通过建立时间轴和路线图等形式使自己朝着既定目标从事职业实践活动。

2. 实践性

实践性是职业生涯规划能否可以进一步付诸实践的关键因素，设立职业生涯规划要根据自己的实际情况，不要把目标定得过高或者过低，如果不顾实际情况盲目进行职业生涯规划，会导致职业生涯规划不能结合个人实际，从而不能达到职业生涯规划的目的。

3. 阶段性

职业生涯规划要有阶段性，应根据自己的发展阶段不断进行调整，并在一个阶段的规划完成以后，结合实际情况，再设立下一个阶段的职业生涯规划。

（三）职业规划的作用

1. 确立职业建设的目标性

确立职业规划可以帮助自己谋划未来，使自己能够根据实际情况，确立明确的目标追求，并根据目标追求确定自己努力的方向。

2. 增强职业发展的适应性

通过学生建立的目标职业，掌握目标职业对个人素质（如自信、自立、责任心、诚信、时间管理、主动、勤奋等）要求，通过素质等有关知识的讲解，使学生全面了解素质的基本特征，制定如何提升个人素质的方法，进而制定大学期间学业和生活规划，增强职业发展的适应性。

3. 提高应对竞争的能力性

通过职业生涯规划，明确目标职业对专业技能的要求，通过表达沟通、人际交往、分析判断、问题解决、创新能力、团结合作、组织管理、客户服务等通用技能的实践锻炼，提高自己应对竞争的能力。

第二节　认识职业环境

随着社会经济的快速发展，职业环境已经成为影响个人职业生涯发展的重要因素之一。

随着社会经济的迅猛发展和时代的不断进步，职业环境已经逐渐成为影响个人职业生涯发展的重要因素之一。在这个快速变化的时代，各行各业都在经历着前所未有的变革，这些变革不仅带来了新的机遇，也带来了新的挑战。因此，一个良好的职业环境对于个人的职业成长和成功至关重要。

职业环境包括工作场所的物理条件、企业文化、团队氛围、职业发展机会以及工作与生活的平衡等方面。一个积极向上的企业文化能够激发员工的创造力和工作热情，促进团队合作，提高工作效率。同时，一个能够提供持续学习和成长机会的职业环境，能够帮助员工不断提升自己的专业技能和综合素质，从而在职业生涯中取得更大的进步。

此外,职业环境还涉及工作与生活的平衡问题。随着社会的发展,人们越来越重视生活质量,追求工作与生活的和谐。一个能够理解并支持员工在工作与生活间找到平衡的职业环境,不仅能够提高员工的幸福感和满意度,还能够降低员工的流失率,提高企业的整体竞争力。

因此,无论是个人还是企业,都应该重视职业环境的建设。个人在选择职业道路时,需要充分考虑职业环境的因素,选择一个有利于自己成长和发展的环境。企业则要不断优化和改善职业环境,为员工提供一个健康、积极、有利于发展的平台,从而吸引和留住优秀人才,推动企业的持续发展。

一、了解社会环境对职业发展的影响

深入了解社会环境对职业发展的影响是一个复杂且多维度的课题,它涵盖市场经济、知识经济、政治环境以及地域特点等方面。

(一)市场经济与职业发展

市场经济作为资源配置的主要方式,对职业发展具有深远的影响。在市场经济条件下,职业发展的机会与空间往往与市场需求紧密相关。随着市场经济的不断发展,新兴行业不断涌现,传统行业也在经历转型升级,这为职业人士提供了更多的选择和发展机会。同时,市场竞争的加剧也促使职业人士不断提升自身技能,以适应市场的快速变化。例如,随着科技的进步和数字化转型的推进,IT 和人工智能等领域的专业人才需求量大增,为这些领域的从业者提供了广阔的职业发展空间。这些变化不仅体现在技术领域,还波及金融、医疗、教育等多个行业,使得职业发展的路径更加多样化和复杂化。职业人士需要具备敏锐的市场洞察力和灵活的适应能力,才能在不断变化的市场环境中找到自己的定位。

(二)知识经济与职业发展

知识经济的兴起,使得知识成为推动经济发展的核心要素,对职业发展产生了深刻的影响。在知识经济时代,拥有专业知识、创新能力和学习能力的职业人士更受市场青睐。知识经济的发展促进了教育、科研、信息技术等行业的繁荣,为这些领域的从业者提供了更广阔的职业发展空间。此外,知识经济还推动了跨领域、跨行业的合作与交流,促进了职业人士综合素质的提升。例如,大数据分析、云计算等新兴技术的出现,不仅为相关领域的专业人才提供了新的职业机会,还要求他们不断学习和掌握新的技能,以适应快速变化的技术环境。这种持续的学习和适应过程，使得职业人士能够在知识经济的大潮中保持竞争力，实现个人价值的最大化。

（三）政治环境与职业发展

政治环境对职业发展具有宏观的调控作用。政府通过制定相关政策、法规，引导和支持特定行业的发展，从而影响职业发展的方向和趋势。例如，政府对于新兴产业的扶持政策、对于创新创业的鼓励措施等，都为相关领域的职业人士提供了更多的发展机会。同时，社会政治的稳定与和谐也为职业发展提供了良好的外部环境。例如，政府推出的创业补贴、税收减免等政策，可以有效降低创业门槛，激发市场活力，为职业人士提供更多元化的职业选择。这些政策不仅为职业人士提供了经济上的支持，还为他们创造了良好的社会氛围，使得创业和职业发展成为可能。

（四）地域特点与职业发展

地域特点对职业发展具有显著的影响。不同地区的经济发展水平、产业结构、文化背景等因素都会影响职业发展的机会和空间。例如，经济发达地区往往拥有更多的就业机会和更高的薪资水平，而具有独特产业优势的地区则可能吸引大量相关领域的专业人才。此外，地域文化也会对职业人士的职业观念、职业行为等产生影响，进而影响其职业发展路径。例如，一些地区可能更重视传统行业，而另一些地区则可能更倾向于支持高新技术产业，这些差异会直接影响职业人士的职业选择和发展前景。地域文化的不同，也会在一定程度上塑造职业人士的价值观和工作态度，从而影响他们在职业道路上的决策和行为。

二、认识职业环境的必要性

大学生从事社会工作的实践经验较少，对于职业种类、职业内涵、职业发展等专业知识了解的相对贫乏。所以，全面认识职业环境，了解职业发展的趋势对于做好大学生职业规划，实施好大学生职业规划极为关键。

首先，认识职业环境可以帮助学生预测职业前景。学生所选择职业的直接依据是所选择的专业，依据不同专业选定的职业也各不相同。因此，认识职业环境可以帮助学生对自己所学专业进行评估，结合自身情况，对所学专业进行学习和钻研，提高所学专业在职场中的应用能力。

其次，认识职业环境能够使学生提前熟悉社会的发展趋势。学生提前了解职业环境的特性，摸清行业规律和行业动态，并针对性地提前适应和提前准备，通过模拟职场练习，在未来面对职场环境时能够从容不迫。

最后，认识职业环境可以使学生了解职场文化、感受职业氛围。职场文化是职业环境中的重要组成部分，通过认识职业环境可以了解所学专业在行业领域内的企业文化，尽快帮助学生熟悉职场氛围，在学习时提前做一些准备，帮助学生在进入职场时能够尽快融入职场文化中。

三、认识职业环境的内容

职业属性。职业属性表示职业在社会中展现的基本特点，例如，此职业是公立的还是私立的；人员的学历构成都有哪些层次；职业组织内部的结构都包括哪些要素。

职业文化。职业文化是职业在发展过程中凝结成的优秀的文明成果。例如，此职业的职业精神是什么；包含哪些优秀的职业价值；职业的经营理念是什么；职业价值观包括哪些内容等。

职业关系。职业关系是职业内部成员中通过交往形成的相互之间的联系，例如，此职业是独裁型的职业关系，即决策是由老板决定的，员工具体地执行领导的意志；此职业是民主型的职业关系，即决策采取民主决策的方式，之后采用少数服从多数的方式来进行最终决定等关系类型。

职业待遇。职业待遇是职业对员工会提供的保障和发展机会，例如，此职业的薪酬包含哪些成分，有无五险一金；此职业有没有基本假期（产假、病假、婚假、丧假等）；职业能不能给员工提供晋升机会。

职业条件。职业条件指担任职场中的职位有哪些条件，如学历的硬性规定、政治面貌的硬性要求、能力的硬性标准等。

四、认识职业环境的重要性

职业环境代表职业发展的现实因素和现实情况，大学生通过认识职业环境可以了解职业属性，即此职业具有的与其他职业不一样的发展特点、历史脉络等；掌握职业文化，了解此职业在运行的过程中推崇什么，摒弃什么；熟悉职业关系，了解职业内部人与人结成的社会关系有什么特点，根据职业关系特点正确处理与职业内部成员的交往方式；知晓职业待遇，了解此职业本身有哪些福利待遇，这些福利待遇能否满足个人的要求；熟知职业条件，了解获聘此职业有哪些规定，如学历、政治身份、能力标准等，通过提前知晓这些职业环境的内容，更有针对性地做好职业规划。同时，更重要的是提高自己准备应聘此项职业的能力，从所学专业处着手，努力学习专业文化知识，要结合行业特点、行业发展现状、行业发展前景中对于此专业的要求，针对性地学习专业知识。即不能顾此失彼，也不能"眉毛胡子一把抓"，使专业与职业融通，让专业知识能够成为应用职业的本领，提高学生对专业的适应能力。在更好学习专业知识，提高学以致用能力的同时，还要锻炼自己的其他能力，如人际交往能力、组织协调能力、创新能力、执行能力等，以便更好地与职业要求对接，使自己能够提前适应职业发展的各种要求，以便在职业应试过程中提高自己的获胜力。

五、评估行业环境

评估行业环境是制定企业战略、预测市场趋势和识别潜在商机的关键步骤。

（一）评估行业环境的重要性

行业环境分析为企业提供了对其运营背景深入的理解。它帮助企业确定其在市场中的位置，识别潜在的威胁和机遇，调整其战略以适应不断变化的环境。通过定期评估行业环境，企业能够保持竞争力并制定长期增长计划。

（二）行业环境分析框架

PESTEL 分析是一种广泛使用的工具，用于评估宏观环境对行业的影响。PESTEL 代表政治（Political）、经济（Economic）、社会（Social）、技术（Technological）、环境（Environmental）和法律（Legal）。

（1）政治因素。政治因素包括政治稳定性、政策变化、贸易限制和税收政策等，这些都会对企业运营和盈利能力产生重大影响。例如，政府政策的变动可能会使得企业面临新的合规要求或市场准入门槛，从而影响其业务发展。此外，政治稳定性对于跨国企业尤为重要，直接影响企业的投资决策和运营策略。

（2）经济因素。经济因素如经济增长率、利率、通货膨胀率和汇率波动等经济指标，会直接影响消费者的购买力和企业的投资决策。在经济繁荣时期，消费者可能会更愿意消费，而企业可能会加大投资以扩大生产规模；反之，在经济衰退时期，企业需要更加谨慎地制订投资计划，以避免过度投资带来的财务风险。

（3）社会因素。包括人口结构、消费者偏好、文化和价值观等，也会对市场需求和产品设计产生影响。随着社会的发展，消费者对产品和服务的需求在不断变化，企业需要及时调整其产品策略以满足这些变化。例如，随着健康意识的提高，越来越多的消费者开始关注产品的健康属性，这促使企业开发更多健康、有机的产品来满足市场需求。

（4）技术因素。如技术进步、研发投入和技术转移，影响着行业的创新速度和生产效率。技术的快速发展为企业带来了新的机遇，同时带来了挑战，企业需要不断进行技术创新以保持其竞争优势。例如，人工智能和大数据技术的应用，使得企业能够更精准地分析市场趋势和消费者行为，从而制定更加有效的营销策略。

（5）环境因素。如气候变化、环境保护政策和资源限制等，对企业运营成本和声誉有重要影响。随着全球对环境保护意识的增强，企业需要采取更加环保的生产方式，以减少对环境的影响并提升其社会责任形象。例如，通过采用可再生能源和减少废弃物排放，企业不仅能够降低运营成本，还能提升其在消费者心中的绿色形象。

（6）法律因素。如法律法规、知识产权保护和劳动法等，制约着企业的行为和战略选择。企业必须遵守相关法律法规，否则可能会面临法律诉讼和声誉损失。例如，数据保护法的实施要求企业在处理消费者数据时必须更加谨慎，以防止数据泄露和滥用。

六、组织环境分析

组织环境分析在制定有效战略的过程中扮演着至关重要的角色，它通过深入研究和评估企业的内部和外部运营环境，为企业提供至关重要的信息和见解。这一分析过程不仅能帮助企业识别其内部的优势和劣势，还能够揭示外部的机会和威胁，从而为制定具有针对性和可行性的战略提供坚实的基础。

具体来说，组织环境分析包括对企业的内部环境进行详尽的审视，这涉及对企业资源、能力、文化、组织结构和管理系统的全面评估。通过这种内部分析，企业能够明确自身的核心竞争力，发现潜在的弱点和瓶颈，从而有针对性地进行改进和优化。

同时，组织环境分析要求企业对外部环境进行深入研究，包括对市场趋势、竞争对手、行业动态、技术进步、法律法规以及宏观经济状况的全面了解。通过对外部分析，企业能够捕捉到市场中的机会，规避潜在的风险，从而在激烈的市场竞争中占据有利位置。

总之，组织环境分析是企业战略制定过程中不可或缺的一环，它通过全面审视企业的内外部环境，为企业提供了制定有效战略所需的宝贵信息和洞察力。只有在充分了解自身和外部环境的基础上，企业才能制定出真正符合自身发展需求的战略，实现可持续发展和长期竞争优势。

（一）组织环境分析的重要性

组织环境分析是一项至关重要的活动，可对企业的运营背景进行深入的理解和洞察。通过对内外部环境的全面审视，企业能够更好地确定其在市场中的具体位置和角色。这种分析帮助企业识别出潜在的威胁和机遇，从而能够提前做好准备，应对可能出现的挑战，并抓住有利的市场机会。

通过定期进行组织环境分析，企业能够及时了解市场动态、技术进步、消费者需求变化以及竞争对手的动向。这种持续的监控和评估使企业能够灵活调整其战略，以适应不断变化的环境和市场需求。组织环境分析不仅帮助企业保持竞争力，还能确保其战略方向与市场趋势保持一致，从而制订出切实可行的长期增长计划。

此外，组织环境分析还能帮助企业优化资源配置，提高运营效率。通过对市场细分、目标客户群和价值链的深入分析，企业能够更准确地定位其产品和服务，制定出更有针对性的营销策略。同时，这种分析还能揭示企业在内部管理和运营中的潜在问题，促使企业不断改进和创新，以实现可持续发展。总之，组织环境分析是企业战略规划和决策过程中不可或缺的一部分，它为企业提供了宝贵的参考和指导。

（二）SWOT 分析框架

SWOT 分析是一种广泛应用于各种组织和企业中的工具，旨在全面评估和识别一个组织在内部环境中所具备的优势和存在的劣势，同时对外部环境中的机会和潜在威胁进行深入分析。SWOT 这一术语由四个英文单词的首字母组成，分别代表优势（Strengths）、劣势（Weaknesses）、机会（Opportunities）和威胁（Threats）。通过这种分析方法，组织能够更好地了解自身在市场中的定位，制定出更加有效的战略规划。

在进行 SWOT 分析时，关键因素的识别和评估至关重要。优势通常指组织内部所具备的有利条件，如技术专长、品牌声誉、财务资源、管理团队的经验和能力等。这些优势能够帮助组织在竞争中脱颖而出，获得更多的市场份额。而劣势则指组织内部存在的不利条件或短板，如资源匮乏、技术落后、管理不善、市场定位不明确等。这些劣势可能会阻碍组织的发展，甚至导致组织在竞争中处于劣势地位。

在外部环境中，机会指那些能够为组织带来潜在利益的有利条件，如市场需求的增长、政策的支持、新兴市场的开拓等。抓住这些机会，组织可以进一步扩大市场份额，提升竞争力。威胁指那些可能对组织产生负面影响的外部因素，如竞争对手的崛起、市场环境的恶化、政策法规的变化等。这些威胁可能会对组织的生存和发展构成严重挑战。

通过对优势、劣势、机会和威胁的全面分析，组织能够更好地制定战略规划，扬长避短，抓住机会，应对威胁，从而在激烈的市场竞争中获得成功。

1. 内部因素

（1）优势，包括独特的技术、优秀的管理团队、强大的品牌等方面。这家公司拥有许多独特且先进的技术，这些技术在行业内具有显著的优势，能够为客户提供高质量的产品和服务。同时，公司的管理团队也非常优秀，他们具有丰富的行业经验和卓越的领导能力，能够带领公司不断向前发展。此外，公司的品牌也非常强大，具有很高的知名度和美誉度，能够吸引大量的客户和合作伙伴。这些因素共同构成了公司的核心竞争力，使公司在激烈的市场竞争中脱颖而出。

（2）劣势，包括资源限制、缺乏创新、高成本结构等问题。这些问题不仅影响了公司的运营效率，还限制了其在市场上的竞争力。资源限制意味着公司在获取和利用关键资源时面临困难，可能导致生产效率低下和项目延误。缺乏创新则意味着公司在产品、服务和技术方面无法跟上市场的发展趋势，从而失去了吸引新客户和保持现有客户的机会。高成本结构则使得公司在面对价格竞争时处于不利地位，增加了运营风险，降低了利润空间。这些问题相互交织，需要公司采取综合措施来解决，以确保其长期的可持续发展。

2. 外部因素

（1）机会，市场扩张、新技术的出现、政策的支持等因素，都在很大程度上推动了行业的发展和变革。具体来说，市场扩张意味着更多的消费者和更大的销售空间，为企业提供了更多的增长机会。新技术的出现则带来了更高效、更先进的生产方式和产品创新，使企业能够提升竞争力并满足市场需求。政策的支持则为行业发展提供了有力的保障，通过各种优惠政策和扶持措施，鼓励企业创新和发展，同时为市场提供了稳定的预期和良好的发展环境。这些因素相互作用，共同推动了整个行业的繁荣和进步。

（2）威胁，如竞争的加剧、法规的变化、经济的衰退等各种因素的影响。

第三节　职业信息获取与分析

职业信息是就业指导的重要组成部分，代表着职场的最新动向，包含劳动力供需情况、职业环境内容等，及时查看职业信息，了解职场发展动态的"晴雨表"，也有利于准确把握职场发展情况。不同类型的学生获取职业信息的方式各有不同，要结合不同类型的学生特点进行相应的职业信息指导，增加获取职业信息有效性的途径。

一、职业的内涵及分类

职业指个体在社会经济活动中所扮演的具有特定职能和责任的工作角色。这一角色不仅是个体谋生的手段，更是其社会地位和身份的象征。职业反映了个体的技能和知识水平，同时体现了其在社会中的角色和职责。根据不同的分类标准，职业可以被划分为多种类型。例如，按照工作性质进行分类，职业可以分为技术类、管理类、服务类等多种类型；按照行业进行分类，涵盖了教育、医疗、金融等多个领域。职业的选择和发展不仅受到个人兴趣和能力的影响，还受到社会经济环境和市场需求的制约。因此，了解和掌握职业分类，有助于个体更好地规划自己的职业生涯，实现个人价值和社会价值的双重提升。通过深入了解各种职业的特点和要求，个体可以更准确地评估自己的兴趣和能力，从而做出更合适的职业选择。同时，了解社会经济环境和市场需求的变化，也有助于个体在职业生涯中做出更有前瞻性的决策，抓住更多的发展机会。总之，职业不仅是个人谋生的手段，更是实现个人价值和社会价值的重要途径。

二、职业信息获取的意义

职业信息指与特定职业相关的各类信息，这些信息涵盖了职位描述、薪酬待遇、职业发展路径等方面。对于大学生来说，获取这些职业信息具有至关重要的意义。

首先，职业信息是大学生在选择职业和就业过程中不可或缺的重要依据。它能够帮助学生深入了解不同职业的具体情况，包括工作内容、工作环境、职业前景等，从而使得学生能够根据自身的兴趣爱好、专业技能和职业规划，做出更加符合自身特点和需求的职业选择。

其次，职业信息是大学生在求职过程中顺利通过招聘面试的重要砝码。它为学生提供了针对特定职业的必备知识和技能要求，使学生能够在面试中展示出自己对职业的理解和掌握的相关技能，从而提高面试的成功率。

最后，职业信息是大学生在规划未来职业发展道路时的助推器。它为学生的职业成长提供了明确的方向和具体的目标，帮助学生在职业生涯中不断进步和提升，实现个人价值和职业目标的双重实现。因此，大学生在学习和生活中应积极主动地获取和利用职业信息，以便更好地规划自己的职业生涯，为未来的职业发展打下坚实的基础。

三、职业信息获取的渠道

1. 高校职业指导中心

在许多高等院校中，通常会设立专门的职业指导中心，这些中心的主要职责是为在校学生提供全面的职业咨询和信息服务。这些服务包括帮助学生了解不同行业的发展趋势、提供职业规划建议、组织职业讲座和招聘会等。职业指导中心还可能提供简历写作、面试技巧培训以及实习和就业机会的信息。通过这些服务，学生能够更好地了解自己的职业兴趣和优势，从而做出更明智的职业选择。

2. 招聘会和网络平台

在当今社会，获取职业信息的途径多种多样，包括各种线上和线下的招聘会、求职网站以及社交媒体平台等。这些渠道为我们提供了丰富的职业信息，帮助我们更好地了解各行各业的就业形势和职位需求。

首先，各种线下的招聘会为我们提供了面对面交流的机会。在这些招聘会上，我们可以直接与招聘单位的代表进行沟通，了解他们的需求和公司的背景。此外，我们可以在现场投递简历，增加获得面试机会的可能性。

其次，各种线上的求职网站也是一个重要的职业信息获取渠道。这些网站通常会发布大量的职位信息，涵盖了各行各业。我们可以通过关键词搜索，快速找到自己感兴趣的职位。同时，许多求职网站还提供了简历投递、面试预约等功能，方便我们进行求职活动。

最后，社交媒体平台也在职业信息获取方面发挥了重要作用。许多公司会在社交媒体平台上发布招聘信息，我们可以通过关注他们的官方账号，及时获取最新的职位信息。此外，社交媒体平台还可以帮助我们建立职业网络，与行业内的专业人士进行交流，获取更多的职业发展机会。

总之，各种线上和线下的招聘会、求职网站以及社交媒体平台都是获取职业信息的重要途径。通过这些渠道，我们可以更好地了解各行各业的就业形势和职位需求，为自己的职业发展做出明智的选择。

3. 企业官方网站和行业协会

许多企业和行业协会都拥有自己的官方网站，这些网站不仅为公众提供了一个权威的信息发布平台，还定期更新和发布最新的职业信息和行业动态。通过这些官方网站，人们可以了解到各个行业的发展趋势、市场变化以及新兴的职业机会。此外，这些网站还常常提供行业内的培训课程、研讨会和各种活动信息，帮助专业人士提升技能和扩展人脉。通过这些官方渠道，企业和行业协会能够有效地与公众沟通，确保信息的透明度和及时性，从而增强整个行业的竞争力和影响力。

4. 导师和校友网络

与自己的导师以及那些已经毕业的校友建立良好的联系，可以为你提供非常宝贵的职业经验和信息。通过与导师的交流，你可以获得学术上的指导和职业发展的建议，而与校友的互动则可以让你了解行业动态、就业机会以及职场中的实际操作技巧。这些联系不仅能帮助你在学业和职业道路上做出明智的决策，还能为你提供一个强大的支持网络，让你在面对挑战时有更多的资源和经验可以借鉴。

5. 职业培训机构和专业课程

参加职业培训机构所提供的课程，或者学习与自己兴趣和职业目标相关的专业课程，同样是获取职业信息的一种非常有效且实用的方式。通过这些课程，不仅可以系统地学习到专业知识和技能，还能了解到行业内的最新动态和发展趋势。此外，这些课程往往会提供与行业专家和从业者的交流机会，从而帮助我们更好地了解职业的实际工作情况，为未来的职业规划和发展打下坚实的基础。

四、增强获取职业信息有效性的途径

（一）建立就业信息平台，增强获取职业信息的准确性

学校要搭建专门的就业信息平台，增设学校和学院两级就业信息员，利用学校的资源优势，向各个学院发布最新的就业信息。同时，学院还要建立专门的毕业生就业群，利用微信群的方式发布与就业有关的技巧性常识等内容，提高学生的应试能力。

（二）联系校友沟通机制，提高获取职业信息的便捷性

增强获取职业信息的途径还要利用好校友这一资源优势，充分发掘分散在各地的校友，他们工作在各个工种、各个地区，对所工作的环境都十分熟悉，可以争取联系校友，他们获得就业信息比发布本单位招聘信息的时间可能要更早一些。通过校友对资源的分享，也能够使学生抢占时间优势，获得新鲜的就

业信息。与此同时，要利用好校友的资源优势，借助邀请校友来学校开展交流的方式，建立学校与校友所在单位相互建立实习基地等方式，拓展交流渠道和交流途径，帮助学生获得就业岗位。

（三）鼓励学生自主创业，拓宽获取职业信息的综合性

高校鼓励学生自主创业，转变获取职业信息的方式。利用好互联网等媒体平台对产品开发等创业的基本环节进行讲解与指导，通过大数据技术等有关学科课程教育学生如何对市场进行调研，如何利用微博、微信公众号、抖音等新媒体平台对创业产品进行宣传和普及。与此同时，要提高学生学以致用的能力，鼓励学生参加"互联网+"等大学生创新创业大赛，并把大赛中学生优秀的科研成果进行实物转化，为学生创新创业提供新思路。

第四节　职业道德与职业素养

一、职业道德与职业素养的含义

职业道德指在职业活动中应遵守的行为准则和价值观，这些准则和价值观涵盖了诚实、公正、责任、尊重等基本原则。具体来说，诚实意味着在工作中要保持真实和透明，不隐瞒事实，不欺骗他人；公正要求我们在处理工作中的各种事务时，要公平对待每一个人，不偏袒任何一方；责任指我们要对自己的工作负责，对工作结果负责，对团队和组织负责；尊重体现在对同事、客户和其他相关方的尊重，尊重他们的意见和权益。

职业素养是劳动者应该为职业付出所具有的内在品质，它包含了从业者在职业实践中所遵守的准则和规定。职业素养包含爱岗敬业素质、团队合作精神、奉献和服从精神等。职业素养涵盖了个人在职业环境中的综合素质，这些素质不仅包括专业技能，还包括沟通能力、团队协作、自我管理等方面。专业技能指个人在特定职业领域内所掌握的知识和技能，这是完成工作任务的基础；沟通能力指在职业环境中有效表达和传递信息的能力，包括口头和书面沟通；团队协作指在团队中与他人合作，共同完成任务的能力，包括协调、合作和解决冲突的能力；自我管理指个人在职业环境中对自己的行为、情绪和时间进行有效管理的能力，包括自我激励、自我监督和自我改进。

在当今社会，职业道德和职业素养的重要性日益凸显。随着社会的发展和科技的进步，各行各业对从业人员的要求越来越高。职业道德不仅关系到个人的职业发展，还关系到整个社会的和谐与稳定。一个具有良好职业道德的人，能够在工作中赢得他人的信任和尊重，从而更好地实现个人价值和职业目标。

同样，职业素养也是个人在职业道路上取得成功的关键因素之一。具备高超的专业技能，能够使我们在竞争激烈的职场中脱颖而出；良好的沟通能力，能够帮助我们更有效地与他人合作，解决问题；优秀的团队协作能力，能够使我们在团队中发挥更大的作用，推动项目的顺利进行；出色的自我管理能力，能够帮助我们在繁忙的工作中保持高效和有序，实现个人成长和职业发展。

二、职业道德与职业素养的重要性

良好的职业道德和职业素养对于个人和组织的成功具有至关重要的意义。对于个人来说，这些品质不仅能够显著增强个人的信誉和声望，还能显著提高其在职场中的竞争力。具备优秀的职业道德和职业素养的个人，往往更容易获得他人的信任和尊重，从而在职业生涯中取得更大的进步和成功。他们以高度的责任心和敬业精神对待工作，不仅能够按时完成任务，还能在细节上追求卓越，展现出卓越的专业能力。这种专业精神不仅赢得了同事和上司的赞赏，也为他们在职业道路上铺设了坚实的基石。

此外，这些品质还能帮助个人在面对各种挑战和压力时，保持冷静和专注，从而更好地应对各种复杂情况。他们能够理性分析问题，迅速找到解决方案，展现出出色的问题解决能力。这种能力不仅使他们在工作中表现出色，也为他们在职业生涯中赢得了更多的机会和挑战。

对于组织而言，拥有具备高素质的员工队伍同样具有不可估量的价值。高素质的员工不仅能够显著提高组织的整体工作效率，还能通过他们的行为和表现，提升团队的凝聚力和协作能力。一个团结协作、高效运转的团队，能够更好地完成各项任务，推动组织的持续发展和进步。高素质的员工能够在团队中发挥榜样作用，激励其他同事共同进步，形成一个积极向上的工作氛围。

此外，高素质的员工还能通过他们的行为和表现，提升组织的整体形象和声誉，从而吸引更多的客户和合作伙伴，为组织创造更多的商业机会和竞争优势。他们以专业的态度和卓越的服务质量赢得客户的信任，为组织树立良好的口碑。这种良好的声誉不仅能够增强客户的忠诚度，还能吸引更多的潜在客户，为组织带来更多的市场份额和利润。

因此，无论是对于个人还是组织，良好的职业道德和职业素养都是实现成功的重要基石。它们不仅能够帮助个人在职业生涯中取得更大的进步，还能够为组织创造更多的价值和竞争优势。

三、如何培养和提升职业道德与职业素养

培养和提升职业道德与职业素养需要长期地努力和持续地学习。

1. 学习和掌握专业知识

在当今这个快速发展的时代，不断学习和更新自己的专业知识显得尤为重要，它是我们在职业领域保持领先地位的关键所在。通过持续地进修和积累，我们能够紧跟时代的步伐，掌握最新的行业动态和技术发展。这样不仅能显著提升个人的职业素养，还能在激烈的市场竞争中脱颖而出，成为行业的佼佼者。

在这个日新月异的时代，知识更新的速度越来越快，唯有不断学习，才能不被时代淘汰。通过参加培训课程、阅读专业书籍、参加行业研讨会等方式，我们可以不断充实自己的知识库，提高自己的专业技能。这样，我们才能在工作中游刃有余，应对各种复杂的问题。

例如，作为一名软件工程师，不仅要掌握编程语言的基础知识，还要不断学习最新的编程框架和技术。通过阅读最新的技术文章、参加在线课程和实践项目，软件工程师可以了解并应用最新的开发工具和方法，从而提高开发效率和代码质量。

此外，不断学习还能帮助我们拓宽视野，增强创新能力。当我们掌握了丰富的专业知识和技能后，我们就能站在更高的角度思考问题，提出更具创造性的解决方案。这不仅能提升我们的工作效率，还能为公司带来更多的价值。

例如，作为一名市场营销人员，不仅要了解传统的营销策略，还要不断学习数字营销的新趋势。通过研究最新的市场报告、参加行业研讨会和实践数字营销项目，我们可以掌握如何利用社交媒体、大数据和人工智能等技术进行精准营销，从而提高市场竞争力。

总之，不断学习和更新自己的专业知识，是我们在职业道路上不断前进的动力。只有不断充实自己，才能在竞争激烈的市场中立于不败之地，成为行业的佼佼者。通过不断学习，我们不仅能提升自己的专业能力，还能为公司和社会创造更大的价值。

2. 强化沟通和协作能力

积极地投身于各种团队活动之中，通过这些活动学习和掌握有效的沟通技

巧，从而培养和提升团队协作的精神和能力。在这些活动中，我们可以学习如何更好地倾听他人的意见，如何清晰地表达自己的想法，如何在团队中发挥自己的优势，以及如何在面对困难时与团队成员共同寻找解决方案。通过这些实践，我们不仅能够提升自己的沟通能力，还能够增强团队的凝聚力和合作精神，使团队在面对各种挑战时能够更加高效地协作，最终实现团队目标。

在参与团队活动的过程中，我们可以感受到团队合作带来的力量。例如，在一次团队建设活动中，我们被分成几个小组，每个小组需要完成一项复杂的任务。在这个过程中，我们不仅要明确自己的角色和职责，还要学会如何与不同背景和性格的队友进行有效沟通。通过观察和学习，我们发现那些能够积极倾听、善于表达和协调的团队往往能够更快地完成任务，并且成员之间的关系也更加融洽。

此外，团队活动还为我们提供了一个宝贵的平台，让我们能够在实践中不断反思和改进自己的沟通方式。如在一次项目讨论会上，我们意识到自己在表达观点时过于直接，有时会无意中伤害到队友的感情。通过这次经历，我们应该学会如何更加委婉和体贴地表达自己的想法，同时也更加重视倾听他人的意见。这种在团队活动中的不断学习和成长，使我们在未来的工作中能够更加默契地配合，共同克服各种挑战，实现团队的长远发展。

3. 自我反思和持续改进

在日常工作中，我们应养成定期对自己的职业表现进行深刻反思的习惯。这种反思不仅是简单地回顾一下过去的工作，而且要仔细审视每一个细节，寻找那些可以改进和提升的方面。这不仅包括工作中的具体任务完成情况，还包括与同事的沟通协作、时间管理、技能提升等方面。通过这种全面的反思，可以更清晰地认识到自己的优势和不足，从而有针对性地制订出相应的改进计划和行动方案。

这些计划和方案应当具体可行，明确每个改进步骤的时间节点和预期目标，以便在实际工作中逐步落实和执行。例如，如果你发现自己在时间管理方面存在不足，可以制订一个详细的时间管理计划，将每天的工作任务进行优先级排序，并设定具体的时间段来完成每一项任务。同时，可以设定一些提醒和检查点，以确保自己能够按时完成任务。

此外，反思过程中还可以寻求同事和上司的反馈，了解他们对你工作表现的看法和建议。这种外部反馈可以帮助你更全面地认识自己的工作表现，发现那些自己可能忽视的问题。通过持续地自我反思和改进，可以不断提升自己的职业素养和工作绩效，最终实现职业生涯的持续发展和成功。

总之，定期对自己的职业表现进行深刻的反思，仔细寻找可以改进和提升的方面，并制订出相应的改进计划和行动方案，是非常重要的职业发展策略。通过这种持续的努力，你将能够在职场中不断进步，实现自己的职业目标。

4. 参与职业道德和职业素养培训

在当今这个快速发展的时代，参加与自己职业发展紧密相关的培训课程显得尤为重要。通过系统地学习和掌握先进的理念及实践经验，我们不仅能够不断提升自己的职业素养和专业能力，还能在实际工作中更加得心应手。这些培训课程为我们提供了宝贵的平台，让我们有机会深入了解行业内的最新动态和趋势，掌握更多的工具和方法，从而提高工作效率和质量。

在这些培训课程中，讲师们通常会结合实际案例，深入浅出地讲解各种专业知识和技能。我们不仅能从中学到理论知识，还能通过模拟练习和小组讨论，将所学知识应用到实际工作中。这种互动式的学习方式，不仅使我们对知识的理解更加深刻，还能激发我们的学习兴趣，提高学习效果。

通过参加这些培训课程，我们还能了解到行业内的最新技术和管理方法。这些知识不仅能帮助我们解决工作中遇到的各种问题，还能使我们能够与时俱进，不断提升自己的竞争力。在课程中，我们有机会与来自不同公司和行业的专业人士交流，分享彼此的经验和见解。这种交流不仅能拓宽我们的视野，还能帮助我们建立广泛的人脉资源。

在与同行的互动中，我们可以了解到不同公司的运作模式和管理经验，从而获得更多的灵感和启发。比如，在一次培训课程中，我们结识了一位来自知名企业的项目经理。通过与他的交流，我们了解到了他们公司在项目管理方面的先进方法和经验，这对我们今后的工作有极大的帮助。

总之，参加与自己职业发展相关的培训课程，不仅能提升我们的专业能力，还能帮助我们更好地适应行业的发展趋势，提高工作效率和质量。通过与不同背景的同行交流，我们能拓宽视野，丰富人脉资源，为未来的职业发展打下坚实的基础。这些培训课程为我们提供了一个宝贵的学习和成长的机会，让我们在职业道路上不断前行，迎接更多的挑战和机遇。

5. 树立正确的职业观

认识到职业不仅是谋生手段，更是实现个人价值和社会责任的途径。

职业不仅是为了获得经济收入，满足基本的生活需求，更是我们展示自我才华、实现自我价值的舞台。通过职业，我们可以将个人的兴趣、爱好和特长转化为社会贡献，从而在实现个人价值的同时，为社会的发展和进步做出贡献。

职业不仅是个人发展的平台，更是承担社会责任的载体。每个人在自己的职业岗位上，都可以通过自己的努力和付出，为社会创造财富，提供服务，解决社会问题。无论是医生、教师、工程师，还是普通工人，每个人都在自己的岗位上发挥着不可替代的作用，共同推动社会的和谐与进步。

因此，我们应该珍惜自己的职业，认真对待自己的工作，不断提升自己的专业技能和综合素质。通过在职业道路上的不断努力和奋斗，我们不仅能够实现个人价值，获得成就感和满足感，还能为社会做出更大的贡献，履行我们的社会责任。这样，我们的职业生涯才能更加丰富多彩，更有意义。例如，一位医生如何通过自己的专业知识和技能，挽救了无数病人的生命，从而实现了个人价值和社会责任的双重目标。再如，一位教师如何通过自己的耐心和智慧，培养出一代又一代的优秀学生，为社会的发展做出了巨大的贡献。

第五节　大学生职业生涯发展目标的设定及管理

大学生是未来社会的中坚力量，他们的职业生涯规划对个人和社会有着深远的影响。因此，了解如何设定和管理职业生涯发展目标对于大学生来说至关重要。提高学生适应社会的能力，使学生在未来的就业竞争有优势是高校培养学生的出发点和落脚点，因此，大学应该加强对学生职业生涯规划的教育，引导学生辨别职业门类、认识职业环境、获取职业信息、提升职业素养、掌握职业本领，从社会中的职业内容找出真实有效的、适应自己实际状况的、契合自己发展目标的就业岗位，这是设立大学生职业生涯发展目标的最终目的。

一、当前大学生职业生涯规划的问题

（一）大学生关注目前的就业形势，但对职业生涯规划不甚清楚

随着生产力的不断进步，社会的发展日新月异，出现了很多新岗位、新职业。如今，就业领域不断拓宽，就业对人才的需求使得在大学的社会招聘逐年增多，就业单位到学校为就业岗位选择适合的人才。在这样的时代潮流下，学生越来越关注职业与自我的关系。同时，学校作为培养人才的关键场所，也承担着为社会培养人才的重任，学生能否在社会中找到工作，能否实现就业，一

定程度上决定着学校的培养质量。所以，学校对学生就业十分关注，把学生的就业工作纳入学校发展事业的重要一环，经常组织与就业有关的活动，有的学校每年会和当地人社部门合作在学校开展就业招聘活动；学校会召开提高就业技能，邀请专家对学生开展专题培训等活动提高学生的就业热情；学生的家长或亲属在大一报考学校前会综合考量该学校的就业情况。综合这些因素，学生开始关注自己的就业形势。近年来，关注就业形势的学生范围不断增加，不仅高年级学生，而且低年级学生也在关注自己的就业情况。这种关注虽然是主动的，但关注的重点只是这个岗位招聘的条件，这个职业的就业形势如何等，这些对于了解职业是比较片面的，学生对于如何利用现有的大学时间谋划自己的未来、规划自己的职业有的还是不甚清楚。虽然在关注职业，但对于与自己职业有关的生涯规划等指导课程却极为忽略。有的学生把职业生涯规划课程和其他的专业课程作对比，认为其没有专业课程重要，理论内容与自己没有关系，对职业生涯规划课程相关知识和原理不是特别清楚。因此，在职业规划的实践中，不知道如何规划自己的职业，也不知道如何提高自己的职业本领。

（二）大学生的职业生涯规划较为盲从

尽管大学生比较关心社会的就业形势，但对自己的职业规划较为模糊，因此，大学生的就业现象一般是在大学四年级或者大学三年级时，学习完相关基本课程、学校开展教育实习、学生马上面临就业的情况下才开始思考自己的职业目标。实质上，学生结合兴趣特点和现实状况对适应自己的职业种类、职业本领、职业技能等关于职业的专业内容都不甚清楚。因此，在学生快毕业的时候，没有职业能力应聘职业，开始从众通过考研、出国或者盲目投递简历等方式寻找工作，这些尝试缺乏导向，较为盲从，很难达到相应的目标。

二、职业生涯发展目标的设定

（一）自我评估

设定职业生涯发展目标的第一步是进行自我评估。这一步骤至关重要，因为它涉及对自己进行全面而深入的了解。自我评估包括多个方面。

首先，评估自己的兴趣所在，了解自己对哪些活动和领域感到兴奋和热情。这不仅包括对特定学科或行业的兴趣，还包括对各种工作内容和任务的兴趣程度。例如，有些人可能对创意工作充满热情，而有些人可能对数据分析或技术开发更感兴趣。了解这些兴趣点有助于我们找到那些能够激发我们内在动力的职业领域。

其次，需要评估自己的能力，包括学术能力、技能和天赋，以便明确自己在哪些方面具备优势，哪些方面需要进一步提升。学术能力不仅是考试成绩的体现，还包括对知识的理解和应用能力。技能方面，我们需要评估自己在专业技能和通用技能上的掌握程度。例如，编程、外语、数据分析等专业技能，以及团队合作、沟通协调、时间管理等通用技能。天赋指那些与生俱来的能力，如艺术感知力、逻辑思维能力等。通过这些评估，我们可以更好地了解自己在哪些领域有潜力，哪些领域需要通过学习和培训来提升。

此外，评估自己的价值观非常重要，因为价值观决定了我们在职业选择和工作中追求什么，如是否重视金钱、社会地位、工作与生活的平衡等。价值观是我们内心深处的信念和原则，它影响着我们的决策和行为。例如，有些人可能更看重工作的社会意义，希望自己的工作能够对社会产生积极影响；而有些人可能更看重经济收入，希望通过工作获得更高的物质回报。了解自己的价值观有助于我们在职业选择时做出更符合内心期望的决定。

最后，个人特质的评估不可忽视，包括性格、抗压能力、沟通能力等，这些特质将直接影响我们在职业生涯中的表现和适应性。性格特质决定了我们在面对不同情境时的反应和行为模式。例如，外向的人可能更适合需要频繁与人交流的工作，内向的人可能更适合需要独立思考和专注的工作。抗压能力决定了我们在面对压力和挑战时的应对策略和恢复能力。沟通能力是职场中不可或缺的技能，它影响着我们与同事、上司和客户的互动效果。

通过这种全面的自我评估，大学生可以更准确地了解自己的优势和劣势，从而选择一个与自己兴趣、能力、价值观和个人特质相匹配的职业领域。这样的选择不仅能够提高职业满意度，还能增加职业生涯中的成功概率。因此，自我评估是职业生涯规划中不可或缺的第一步，它为未来的职业发展奠定了坚实的基础。通过深入了解自己，我们可以更有针对性地制定职业目标，规划职业路径，并在职业发展中做出更明智的选择。

（二）职业市场调研

了解职业市场的需求和趋势是设定职业生涯发展目标的关键所在。对于大学生而言，深入研究和分析各种职业的职责范围、薪酬水平以及未来的发展前景至关重要。通过这种方式，他们可以更好地掌握哪些行业和岗位在当前和未来的就业市场上具有较高的需求及增长潜力，从而做出更为明智和有根据的职业决策。

具体来说，大学生应该首先关注那些需求量大且稳定增长的行业，如科技、医疗、教育和金融等领域。这些行业不仅提供了丰富的就业机会，还具有较高的薪酬水平和职业发展前景。例如，在科技行业，软件工程师、数据分析师等岗位的需求量一直居高不下，且薪酬待遇优厚。在医疗行业，随着人口老龄化和医疗技术的进步，医生、护士和医疗设备维护人员等职业的需求也在不断增加。

此外，大学生应该关注那些新兴行业和岗位，如人工智能、大数据、可持续能源等领域的专业人才。这些行业虽然目前可能还处于发展阶段，但未来的发展潜力巨大，能够为有志于创新和探索的年轻人提供广阔的职业发展空间。

在研究职业市场时，大学生可以参考各种职业评估报告、行业分析报告以及招聘网站的数据，了解不同职业的薪酬水平和晋升机会。通过这些信息，他们可以更全面地了解各个职业的优劣势，从而做出更加明智的职业选择。

总之，了解职业市场的需求和趋势是大学生设定职业生涯发展目标的重要前提。通过深入研究和分析，他们可以更好地把握就业市场的脉搏，做出符合市场需求的职业决策，从而在未来的职场中取得成功。在这个过程中，大学生需要具备敏锐的市场洞察力和灵活的应变能力，以便在不断变化的职业环境中找到最适合自己的发展路径。

（三）设定具体目标

在进行自我评估和职业市场调研的基础上，大学生可以设定具体的职业生涯发展目标。这些目标应该具有可衡量性、可达成性、相关性和时限性（SMART）。

首先，自我评估是一个重要的步骤，它可以帮助大学生了解自己的兴趣、技能和价值观。通过自我评估，学生可以识别出自己的优势和劣势，从而更好地规划未来的职业道路。例如，一个对编程充满热情的学生可能会发现自己在逻辑思维和解决问题方面具有显著的优势，而这些技能在软件开发领域是非常受欢迎的。

其次，职业市场调研是一个关键环节。通过了解当前市场的需求和趋势，学生可以确定哪些行业和职位具有发展潜力，以及自己需要具备哪些技能和资格才能在这些领域取得成功。例如，随着人工智能和大数据的兴起，数据分析师和机器学习工程师的需求量大幅度增加。学生可以通过查阅行业报告、参加职业讲座和与行业专家交流而获取这些信息。

　　在明确了自己的兴趣和市场需求后，大学生可以设定具体的职业生涯发展目标。这些目标应当遵循 SMART 原则，即具体（Specific）、可衡量（Measurable）、可达成（Achievable）、相关（Relevant）和时限性（Time-bound）。具体的目标是明确而清晰的，如成为一名软件工程师，而不是模糊地表示要进入 IT 行业。例如，一个学生可能会设定目标为在毕业前掌握 Java 和 Python 两种编程语言，并完成至少一个相关的项目。

　　可衡量的目标意味着可通过某些标准来评估进展和成果，如在一年内完成某个专业认证。例如，一个学生可能会设定目标为在一年内通过 PMP（项目管理专业人士）认证考试，以提升自己在项目管理方面的能力。

　　可达成的目标指在现有资源和能力范围内可以实现的，而不是不切实际的幻想。例如，一个学生可能会设定目标为在毕业前找到一份与自己专业相关的实习工作，而不是期望毕业后立即获得一份高薪的全职工作。

　　相关的目标指与个人的职业兴趣和市场需求相符合的，如掌握某种编程语言以适应某个特定的职位需求。例如，一个学生可能会设定目标为在毕业前熟练掌握 Python 编程语言，并通过实际项目应用而提升自己在数据分析方面的能力。

　　时限性的目标指有明确的时间框架，如在 6 个月内找到一份实习工作。例如，一个学生可能会设定目标为在接下来的春季学期中找到一份与市场营销相关的实习，并在实习期间完成至少一个有影响力的营销项目。

　　通过设定符合 SMART 原则的职业发展目标，大学生可以更有条理地规划自己的职业生涯，逐步实现自己的职业理想。这样的目标设定不仅能帮助他们保持动力和专注，还能在求职过程中展示出他们的职业规划能力和对未来的明确方向。例如，当面试官问及职业规划时，一个有明确 SMART 目标的学生可以自信地描述自己在接下来几年内希望达到的具体成就，从而给面试官留下深刻的印象。

三、职业生涯发展目标的管理

（一）制订行动计划

　　为了实现职业生涯的发展目标，大学生必须制订一份详尽的行动计划。这不仅包括明确地确定实现目标所需的具体步骤，还涉及识别和整合必要的资源，并制定一个合理的时间表。通过这种方式，他们可以有条不紊地朝着自己的职业梦想迈进。

首先，大学生需要明确自己的职业目标，这可能包括希望进入的行业、期望达到的职位以及希望实现的成就。一旦目标明确，他们就可以规划实现这些目标的具体步骤。例如，如果他们希望成为一名软件工程师，那么他们需要掌握编程语言、了解软件开发流程，并积累相关项目经验。这可能意味着他们需要参加计算机科学的课程，学习 Java、Python 等编程语言，并通过实际操作来熟悉软件开发的各个环节。此外，他们可以通过参与学校的编程俱乐部或开源项目积累实践经验。

其次，大学生需要识别实现目标所需的资源。这些资源可能包括专业知识、技能、人脉关系以及物质支持等。例如，他们可能需要参加特定的培训课程来提升自己的技能，或者建立与行业专家的联系以获取宝贵的建议和指导。通过参加职业发展讲座、行业交流会等活动，他们可以结识业内人士，拓展自己的人脉网络。此外，他们可能还需要一些经济支持来参加实习或参加行业会议，这些活动不仅能帮助他们积累经验，还能增加他们的职业曝光度。

最后，制定一个合理的时间表至关重要。大学生需要为每个步骤设定明确的时间节点，确保自己在预定的时间内完成各项任务。例如，他们可以设定在大二结束前掌握两门编程语言，在大三暑假期间完成一次实习，并在大四上学期参加职业规划研讨会。通过这种方式，他们可以确保自己在大学期间逐步积累经验和技能，为未来的职业生涯打下坚实的基础。

总之，为了实现职业生涯的发展目标，大学生需要制订一份详尽的行动计划。这包括明确地确定实现目标所需的具体步骤、识别和整合必要的资源，并制定一个合理的时间表。通过有条不紊地执行这份计划，他们能够逐步实现自己的职业梦想，并在未来的职场中取得成功。在这个过程中，他们不仅需要具备坚定的决心和毅力，还需要不断地学习和适应，以应对不断变化的职业环境和挑战。只有这样，他们才能在竞争激烈的职场中脱颖而出，实现自己的职业抱负。

（二）持续学习和发展

在职业发展的道路上，持续学习和不断进步是至关重要的。对于大学生来说，他们不仅要努力掌握扎实的专业知识，还要不断提升自己的技能，以适应不断变化的职业市场。在这个快速发展的时代，各行各业都在经历着翻天覆地的变化，新技术和新理念层出不穷。因此，大学生必须具备前瞻性的思维，主动学习和掌握这些新知识和技能，才能在未来的职场竞争中脱颖而出。

此外，大学生应该注重培养自己的综合素质，包括沟通能力、团队合作精神以及解决问题的能力。这些软技能在实际工作中同样重要，甚至在某些情况下比专业知识更为关键。通过参加各种社团活动、实习经历以及志愿服务等，大学生可以在实践中提升这些能力，从而为自己的职业生涯打下坚实的基础。

例如，加入学术社团可以让他们接触到最新的研究成果，参加志愿者活动能培养他们的社会责任感和团队协作能力。通过实习，他们可以将所学知识应用到实际工作中，了解行业现状，积累宝贵的工作经验。这些经历不仅丰富了他们的简历，还为他们未来的职业发展奠定了坚实的基础。

总之，在职业生涯的发展过程中，大学生必须认识到持续学习和自我提升的重要性。只有不断充实自己，才能在激烈的职场竞争中立于不败之地。通过不断学习新知识、提升技能以及培养综合素质，大学生能够更好地适应未来职业市场的变化，实现自己的职业目标。

（三）定期评估和调整

在职业发展的道路上，定期地对设定的目标进行评估是一项至关重要的任务。这种评估不仅帮助我们清晰地了解自己在职业发展中所取得的成就和存在的不足，还能确保我们的目标与个人的发展轨迹保持一致。同时，通过这种评估，我们能够更好地适应职业市场的变化，从而在不断变化的环境中保持竞争力。

首先，我们需要设定具体且可衡量的职业目标，这些目标既可以是短期的，也可以是长期的。例如，短期目标可以是提升某项专业技能，而长期目标可能是晋升到某个更高的职位。在设定目标时，我们应考虑自己的兴趣、能力和市场需求，以确保目标的现实性和可实现性。

其次，我们需要定期地回顾这些目标，检查自己的进展情况。这可以通过每月或每季度进行一次自我评估来实现。在评估过程中，我们可以记录自己在各个目标上的具体进展，如完成了哪些培训课程、掌握了哪些新技能、完成了哪些重要项目等。通过这些具体的记录，我们可以更直观地看到自己的成长和进步。

再次，评估过程中需要关注职业市场的变化。我们可以订阅相关的行业资讯、参加行业会议或与同行交流，以获取最新的市场动态。例如，如果发现某个新兴技术领域正在迅速发展，我们可以考虑调整自己的职业目标，以适应这一变化。通过这种方式，我们不仅能保持自己的竞争力，还能抓住新的职业机会。

最后，根据评估结果，我们需要灵活地调整自己的职业目标。如果发现某些目标已经实现，我们可以设定新的更高目标；如果发现某些目标过于遥远或不切实际，我们可以适当调整，使其更加符合自己的实际情况。通过这种动态调整，我们能够确保自己的职业发展始终沿着正确的方向。

四、对大学生职业生涯规划的建议

（一）高校要加强职业生涯规划的课程指导

学生关注就业形势而忽视职业规划的主体原因虽然在学生自身，但学校关于指导学生规划职业生涯的责任意识不强也是一个原因。因此，高校要重视大学生职业生涯规划课程内容的设计。在课程上，在征求学生意见的基础上，组织相关任课教师，重新选取大学生职业生涯规划教材，突出教材的专业性、科学性、趣味性，使教材内容适应学生发展情况，符合学生成长规律，吸引学生学习兴趣，以此为前提，调动学生的学习热情。根据学生发展的实际情况和就业形势的紧迫，要把职业生涯规划课程放在学生学习总体课程的关键位置，可以把职业生涯规划课程作为每一学期的考试课程，并增加职业生涯规划课程的学分比例，使学生不断重视职业生涯规划课程。

在聘任职业生涯规划课程教师的实际工作中，要创新思路，大胆聘任一些在行业领域中，道德素养高、理论知识强、实践经验丰富的行业人才担任职业生涯规划教师，加强对校内担任职业生涯规划课程教师的培训，通过设定培训目标，以职业生涯规划内容为载体设计专门针对性的培训，并进行考核，成绩不过关者不能担任职业生涯规划课程的教师。同时，学校要加强对职业生涯规划课程指导教师的继续教育，在每学期上课前进行阶段性的培训。此外，可以结合学校发展的实际情况，把职业生涯规划课程教师上课的教学情况和实际效果纳入教师职称考核的标准等，这样可以引起教师对职业生涯规划课程的重视，提高职业生涯规划课程的专业性。

（二）家庭要培养学生养成独立的自主意识

造成学生对自己的职业生涯规划不清的原因还在于家庭因素，若家庭不能很好培养学生的自主意识，会使学生在成长过程中有很明显的依赖心理。随着家庭经济水平的提高，家长对孩子的教育比较重视，为孩子的成长提供了最好的发展条件和发展资源，孩子在此成长环境中长大，久而久之容易产生惰性心理，认为父母可以给他们提供一切。因此，虽然孩子上了大学，家长也要更加关注学生的成长，既不能缺位，更不能越位，让孩子独立解决问题，在原则性指导的前提下不过多地干预他们的具体活动，鼓励孩子自己寻找职业。这样，孩子在职业实践中能够养成独立的意识，在全面经历职业实践后，从内心深处认识到就业的重要性，通过自己的努力去获得就业机会。

总之，定期评估职业生涯的发展目标，并根据实际情况进行调整，是个持续的过程。通过这种方式，我们不仅可以更好地掌控自己的职业发展轨迹，还可以在不断变化的职业市场中保持竞争力，实现个人职业生涯的成功。

▶第三章　大学生职业生涯发展的心理调适

在当今这个社会快速发展、日新月异的大背景之下，大学生职业发展的心理调适所具有的意义可谓至关重要、不容小觑。

当代社会中，科技的进步可谓是一日千里，新兴的行业如雨后春笋般不断涌现。一方面为大学生提供了丰富多样、令人目不暇接的职业选择，另一方面也带来了诸多的不确定性以及激烈的竞争压力。就好比互联网、人工智能、大数据等领域的强势崛起，对大学生提出了具备快速学习崭新知识、全新技能的严苛要求。如此一来，可能会致使一部分学生内心感到焦虑不堪和忐忑不安。

社会经济的蓬勃发展，同样引发了就业市场的显著变化。传统行业的转型升级步伐加快，新兴产业的竞争越发激烈，直接导致就业岗位的供需结构发生了天翻地覆的改变。大学生或许会面临所学专业与市场实际需求不相匹配的尴尬状况，进而萌生出失落和迷茫的心理。

此外，社会价值观的多元化趋势也在深深影响着大学生的职业心理。在人们极力追求物质丰厚回报的同时，对于个人价值的实现以及工作与生活的平衡越来越加以注重。这使得大学生在进行职业选择时，很容易陷入左右为难的纠结境地，时刻担心无法寻觅到既能满足物质需求，又能够实现个人理想的工作。

面对上述复杂的情况，大学生积极进行心理调适就显得格外重要。

第一，要始终保持开放的心态，以积极主动的姿态密切关注社会发展的动态趋势，勇敢地尝试涉足新兴领域，持续不断地拓展自己的职业视野，让自己的职业选择更加多元化。

第二，不断增强自我效能感，坚定不移地相信自己具备适应变化的能力，通过持之以恒地学习和实践，全方位提升自身的综合素养，使自己在面对各种挑战时能游刃有余。

第三，牢固树立正确的职业价值观，绝不盲目跟从他人的选择，清晰明确自己内心真正的追求，进而在职业发展的漫长道路上获得持久的动力和满满的满足感。

第四，学会科学有效的情绪管理，面对职业发展过程中的种种挫折和沉重压力，能够熟练运用行之有效的方式调节情绪，始终保持积极乐观的良好心态，以饱满的热情迎接未来的挑战。

总之，当代社会的快速发展为大学生搭建了无比广阔的舞台，同时带来了数不清的挑战。大学生唯有切实做好心理调适，才能够在职业发展的道路上稳步前行，最终实现个人价值与社会价值的完美统一。

第一节　大学生职业生涯发展的心理压力

一、焦虑与压力

在当下这个就业市场竞争空前激烈、就业形势异常严峻的宏观大环境中，大学生在直接面对充满不确定性的未来职业前景时，其内心极其容易萌生出强烈的焦虑与沉重的压力。他们每一分每一秒都处在深深的担忧之中，害怕自己无法在数量众多、实力强劲的求职者队伍里脱颖而出，顺顺利利地寻找到契合自己内心期待的理想工作岗位，难以达到家庭和社会对他们寄予的殷切期望与深厚嘱托。这种令人压抑的心理负担若长时间地不断积累，极有可能导致他们的身心都陷入极度疲惫的状态，无法以良好且积极的精神面貌投入学习以及求职的准备工作中。

二、迷茫与困惑

由于严重缺乏对自身兴趣爱好、能力特长以及职业发展方向的清晰明确认知，数量众多的大学生在面临职业选择这一关键时刻，常常会陷入深深的迷茫无措、困惑不已的境地。他们不清楚自己内心真正热爱和适合从事的工作类型究竟是什么，极度缺乏条理清晰、目标明确的职业规划，只能在数量繁多的职业选项中盲目地徘徊，难以做出明智且符合自身独特特点的职业决策。

三、自卑与自负

在求职的整个过程中，有一部分大学生或许会因为不恰当、不合理地将自身所具备的条件与其他求职者进行对比，从而衍生出自卑的心理。他们很可能觉得自己在学历的高低、专业技能的熟练程度、实践经验的丰富与否等诸多方面都逊色于他人，进而对自己原本拥有的能力产生深深的怀疑，在求职的过程中表现得畏缩、缺乏应有的自信。另外，还有一些大学生可能因为对自身能力的评估过于盲目乐观，从而展现出自负的不良心态。他们过高地估计自己的真实实力，对工作机会挑挑拣拣、吹毛求疵，最终极有可能错失宝贵的良机，对自身职业发展的整个进程产生不利影响。

四、挫折与失落

在职业发展的漫长道路之上，大学生不可避免地会遭遇各种各样的挫折，如面试接二连三地失败、实习工作的表现远远达不到预期的效果等。这些不尽如人意的经历很容易使他们内心产生极为强烈的失落感和挫折感，甚至有可能对自己原本具备的能力以及未来的职业前景感到极度的悲观和失望，从而丧失继续努力拼搏和积极进取的强大动力。

刘强东在大学毕业后，曾在一家外资企业工作，然而他怀揣着创业的梦想，辞去稳定的工作，投身于自主创业的道路。在创业初期，他面临着资金短缺、市场竞争激烈等诸多压力，但他凭借着坚定的信念和不懈的努力，最终打造出了京东这一知名企业。雷军毕业于武汉大学，在大学期间就展现出了非凡的才华。毕业后，他进入了金山软件工作，虽然取得了一定的成绩，但在职业发展过程中也面临着巨大的压力和挑战。后来他离开金山，创办了小米公司，在竞争激烈的科技市场中不断突破，取得了巨大的成功。董明珠大学毕业后，进入一家化工研究所工作。后来她加入格力，从基层业务员做起，在职业发展中遭遇了无数的困难和压力，包括市场开拓的艰难、竞争对手的挑战等，但她凭借着顽强的毅力和出色的能力，逐步成为格力的领军人物。

这些名人在大学生时期或职业发展初期都经历了各种压力和挑战，但他们通过自身的努力和坚持，最终实现了辉煌的成就。

第二节　大学生职业生涯发展的心理压力来源

一、个人因素

（一）自我认知不足

大学生处于个人成长的关键阶段，在这个至关重要的时期，他们中的很多人往往未能对自己的兴趣偏好、性格特质、能力水平等核心方面展开深入、全面、细致且精准的探索与了解。兴趣作为个人发展的内在驱动力，若大学生对其缺乏清晰认知，便难以在众多职业选择中找到真正能激发自身热情的方向。性格特质决定了个体在团队合作和人际交往中的表现方式，若对此认识模糊，则可能会在工作中遭遇不必要的困扰和冲突。而能力水平的评估不准确，会导致他们无法准确判断自身能够胜任的工作类型和难度级别。这一系列的认知缺失，使得他们在规划职业生涯时，如同在黑暗中摸索，缺乏明确的方向和清晰的目标，难以精准定位适合自己的职业领域，从而在职业发展的道路上迷失方向。

（二）心理承受能力较弱

一部分大学生在成长过程中，由于受到家庭环境、教育方式等多种因素的影响，缺乏足够的锻炼和磨砺。他们如同温室里的花朵，在相对安逸和舒适的环境中成长，未曾经历过狂风暴雨的洗礼，致使其在面对困难与挫折时，表现出较为脆弱的心理状态。他们缺乏坚韧不拔的意志品质和积极主动的应对策略，容易在困境面前陷入消极情绪的旋涡。当遭遇挫折时，他们可能会感到无助和绝望，无法迅速调整心态，重新振作起来，长时间沉浸在失败的阴影中，难以自拔。

（三）不合理的职业期望

不少大学生在职业规划初期，对未来的职业抱有不切实际的幻想和过高期望。他们犹如置身于梦幻的云端，过度关注职业的薪资水平、工作环境、社会地位等外在因素，而忽视了自身能力与实际市场需求的匹配程度。他们渴望一毕业就能获得高薪厚禄，拥有舒适优雅的工作环境和令人敬仰的社会地位。然而，一旦现实与期望产生较大差距，心理落差便会如巨石般沉重地压在心头。这种落差感会让他们感到失落、沮丧甚至自我怀疑，进而引发一系列的心理问题，如焦虑、抑郁、自卑等。

二、社会因素

（一）就业竞争激烈

随着高等教育的大规模普及，高校毕业生的数量如潮水般逐年递增。就业市场呈现出供大于求的态势。有限的优质岗位如同璀璨的明珠，吸引着大量求职者竞相角逐。众多优秀的毕业生为了争夺这些稀缺的岗位，使尽浑身解数，展开激烈的竞争。这种白热化的竞争环境如同无形的大山，给大学生带来了沉重的心理负担。他们在求职过程中，常常感到焦虑不安、彷徨失措，担心自己在竞争中被淘汰，难以找到理想的工作。

（二）社会舆论影响

在社会舆论的广阔场域中，某些热门职业往往受到过度追捧，被渲染得光芒万丈。而一些所谓的冷门职业则备受冷落和偏见。这种舆论导向在一定程度上影响了大学生的职业选择和价值判断。他们在职业规划时，容易被舆论的潮流所左右，随波逐流，忽视自身的兴趣和特长。为了迎合社会的期待和追求所谓的"热门职业"，他们可能会放弃自己真正热爱的领域，从而导致心理上的纠结和困扰。这种纠结和困扰可能会伴随他们的职业生涯，影响他们的工作满意度和职业发展的持续性。

三、学校因素

（一）职业教育不完善

当前，部分高校在职业生涯规划教育方面存在诸多短板和不足。课程设置缺乏针对性和实用性，如同纸上谈兵，无法真正满足学生在实际职业规划中的需求。教学内容陈旧、方法单一，未能紧跟时代的步伐和市场的变化，难以激发学生的学习兴趣和积极性。在这样的教育环境中，学生难以获得系统的理论指导和实践训练，如同在沙漠中寻找水源，无法有效地应对职业发展中遇到的各种复杂问题。

（二）就业指导服务不到位

学校为学生提供的就业信息和指导服务往往不够精准和全面，缺乏个性化的辅导方案。面对众多学生多样化的需求和特点，学校的就业指导未能做到因材施教，未充分考虑学生的个体差异和实际需求。在就业指导过程中，可能只是泛泛而谈，缺乏深入的分析和具体的建议。导致学生在求职过程中感到迷茫和无助，如同在黑暗中摸索，无法有效地利用学校提供的资源提升自己的就业竞争力。他们面对激烈的就业竞争时，常常感到力不从心，不知如何是好。

2014~2023 年高校毕业生及硕士博士毕业生人数如图 3-1 所示。

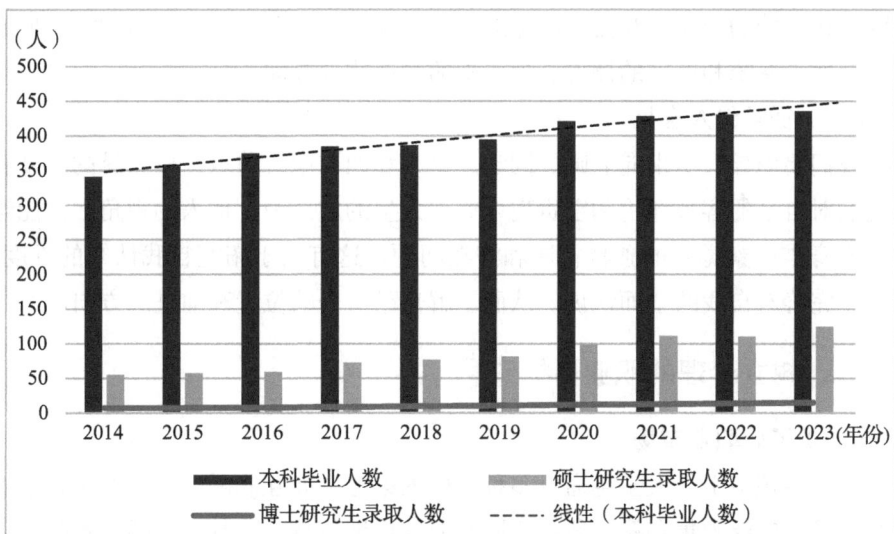

图 3-1　2014~2023 年高校毕业生及硕士博士毕业生人数

第三节　大学生职业生涯发展的心理调适方式

一、加强自我认知

（一）运用测评工具

当今社会，各种各样的专业且科学的测评手段层出不穷，诸如 MBTI 性格测试、霍兰德职业兴趣测评等，能够帮助大学生深入挖掘自身潜在的性格特点和职业兴趣倾向。通过这些测评，能够为大学生提供相对客观和准确的自我认知参考，为大学生的职业规划之路奠定坚实的基础。让他们在充满未知和挑战的探索未来职业的道路上有了清晰的轨迹，能够目标明确、信心满满地迈出每一步。

（二）自我反思

我们应鼓励大学生定期回顾自己的成长历程、学习成果以及各类实践经验。这就像是一次次充满意义且深入内心的奇妙旅行，每一次的回顾都是对自己过往岁月的重新审视和深度剖析。通过深入细致地剖析这些丰富多样的经历，他们能够更为清晰、透彻地洞察自己的优势所在以及有待提升的方面。每一次的回顾都是自我发现的珍贵旅程，让他们如同辛勤的挖掘者，逐渐发现自已隐藏在深处的闪光点和需要改进的不足之处，从而对自己的能力和特点形成更为全面、系统和准确的评价，为未来的发展找准方向。

（三）征求他人意见

我们要倡导大学生向老师、同学、家人和朋友虚心请教，以诚恳的态度获取他们对自己的客观评价和宝贵建议。在人生的旅途中，他人的视角往往能够提供自身难以察觉到的独特特质和潜在问题，这有助于拓宽自我认知的维度，进一步完善对自我的全面认识。从而了解自己所处的位置和前进的方向。

二、树立合理的职业目标

（一）了解职业市场

我们要积极引导大学生通过多种多样的渠道，如互联网、实习经历、参加招聘会等，广泛收集和深入研究不同职业的详细信息。这其中包括但不限于工作内容、职业发展路径、市场需求状况、薪资待遇水平以及行业发展前景等方面，从而构建起对职业市场全面、立体且丰富的深刻认知。就如同绘制一幅精美的地图，每个细节都至关重要，只有了解得足够全面，才能在未来的职业道路上少走弯路。

（二）结合自身实际

在充分了解职业市场的坚实基础上，大学生应综合考量自身的兴趣爱好、能力水平以及长期职业愿景，精心制定出与个人实际情况高度契合的职业目标。确保这一目标既具有一定的挑战性，能够充分激发自身的无限潜力，又具备切实的现实可行性，能够在一定的时间内通过不懈的努力得以顺利实现。这就像是建造一座高楼，既要仰望星空，有宏伟的蓝图，又要脚踏实地，考虑实际的建筑条件。

（三）目标调整

由于个人的发展和外部环境始终处于不断变化的动态中，大学生需要时刻保持敏锐的洞察力，适时对既定的职业目标进行合理、科学的调整。以确保目标始终与自身的成长轨迹和市场的变化趋势完美适应，始终保持其科学性、合理性和有效性。如同航行在大海中的船只，需要根据风向和水流不断调整航向，才能顺利抵达目的地。

（四）培养积极的心态

1. 乐观面对挫折

我们要教导大学生以积极豁达、乐观向上的心态看待挫折，将每一次挫折都视为个人成长和进步的机遇。在遭遇挫折时，鼓励他们冷静沉着地分析失败的具体原因，从中吸取丰富的经验教训，并将其转化为提升自我能力和素质的强大动力源泉，不断砥砺前行，勇攀高峰。

2. 学会自我激励

在日常的学习和生活中，大学生应养成自我激励的良好习惯。每当在学业、实践或个人成长方面取得显著进步和突出成就时，要及时给予充分的肯定和适当的奖励。通过这种方式，不断增强自信心，激发内在的积极性和无穷的创造力。如同给自己的心灵注入一股温暖的力量，让自己在前进的道路上充满动力。

3. 保持耐心和坚持

职业生涯的发展是一个漫长且曲折的艰辛过程，需要大学生具备坚定的信念和持之以恒的坚韧精神。在追求职业目标的道路上，无论遭遇多少艰难险阻和重重阻碍，都要保持积极乐观的心态，坚持不懈地付出辛勤的努力。相信通过长期的积累和沉淀，终将实现自己的职业理想，迎来成功的曙光。

（五）提升心理承受能力

1. 正视压力

帮助大学生树立正确、积极的压力观，让他们深刻认识到压力是生活中不可避免的重要组成部分。学会以平和、坦然的心态接纳压力，并将其视为激发自身潜能、推动个人成长的强大动力。通过积极的心理暗示和自我调节，将压力巧妙地转化为前进的动力，而非被其无情地压垮。

2. 情绪管理

向大学生传授行之有效、切实可行的情绪管理技巧和方法，如通过适度的运动、冥想放松、与亲朋好友倾诉等方式，合理地宣泄和调节负面情绪。培养他们在面对压力和挫折时，保持情绪的稳定和平衡，避免情绪的过度波动对身心健康和职业发展造成不利影响。为情绪安装一个"稳定器"，让内心始终保持平静和安宁。

3. 增强挫折教育

鼓励大学生主动参与具有一定挑战性和难度的活动，如竞赛、科研项目、社会实践等。在这些充满挑战的活动中，锻炼自己在困境中保持冷静、积极应对和妥善解决问题的卓越能力。通过不断积累挫折经历和应对经验，提升自身的心理韧性和适应能力，为未来职业发展中可能遇到的困难做好充分、周全的心理准备。

（六）构建良好的人际关系

1. 与同学合作交流

积极营造团结协作、互帮互助的良好学习氛围，鼓励大学生与同学之间开展广泛而深入的合作与交流。通过共同完成学习任务、参与团队活动等方式，彼此分享职业信息、交流求职经验、互相提供支持和鼓励。在相互学习和帮助的过程中，共同成长进步，增强面对职业挑战的信心和勇气，携手迈向成功的未来。

2. 与老师沟通互动

建立健全良好的师生沟通机制，积极引导大学生主动与专业教师进行密切的沟通和积极的互动。教师有丰富的教学经验和深厚的行业知识，能够为学生提供关于学业发展、职业规划等方面的专业指导和宝贵建议。通过定期的交流和虚心的请教，帮助大学生明确职业方向，解决在学习和职业发展中遇到的困惑和问题，为他们的未来之路点亮明灯。

3. 拓展社交网络

鼓励大学生积极参与各类行业活动、社团组织以及社交场合，努力扩大自己的社交圈子，丰富人脉资源。结识更多的业内人士、职场前辈和优秀同龄人，与他们建立良好、稳固的关系。通过交流和互动，获取最新的行业动态、职业信息以及宝贵的职场经验，为未来的职业发展创造更多的机会和无限的可能。

（七）充分利用学校资源

1. 参加职业规划课程

要求大学生积极参与学校开设的职业生涯规划课程，系统深入地学习职业规划的基本理论、科学方法和实用技巧。通过课程学习，熟练掌握自我评估、职业探索、目标设定、行动计划制订等关键环节的方法和策略，全面提升自己的职业规划能力和综合素养。

2. 接受就业指导服务

充分利用学校提供的全方位、多元化的就业指导服务，包括但不限于就业咨询、简历撰写与修改、面试技巧培训、模拟面试等。主动寻求专业教师和就业指导人员的热心帮助，针对自身在求职过程中存在的问题和不足，获取个性化、针对性的指导和建设性的建议，不断完善求职策略，显著提高就业竞争力。

3. 参与实践活动

积极投身于学校组织的各类实习、兼职、科研项目以及社会实践活动。通过亲身参与实际工作和项目，积累丰富宝贵的工作经验，深入了解职业环境和工作要求，将所学的理论知识与实践紧密相结合，切实提升自己的综合能力和职业适应能力，为未来的职业生涯打下坚实的基础。

▶第四章　大学生职业生涯发展的决策制定

工贵其久，业贵其专。对于大学生而言，职业生涯发展决策的制定无疑是具有决定性意义且影响深远的重要过程。

决策的制定，深刻地影响着大学生个人发展的轨迹，直接关系着他们未来所能达到的高度和广度。不仅如此，它还与大学生的生活质量紧密相连，如同一条无形的纽带，将职业发展与生活的方方面面紧密交织在一起。比如，有些大学生在面临选择专业这一重要决策时，能够充分且深入地考虑自身对计算机技术的浓厚兴趣以及在这方面所展现出的独特天赋。他们决定攻读计算机相关专业，并在大学期间积极主动地参加各类相关项目和竞赛，积累丰富的实践经验。毕业后，他们凭借着扎实的专业知识、娴熟的技能以及在实践中锻炼出的能力，顺利地进入了知名的科技公司。在工作中，他们凭借不断进取、勇攀高峰的精神，很快就在竞争激烈的行业内崭露头角，不仅获得了令人羡慕的丰厚薪酬待遇，还充分实现了个人的价值，生活质量随之得到大幅提升。他们的生活充满了成就感和满足感，每一天都在为自己热爱的事业而努力奋斗，享受着职业发展带来的美好。

然而，与之相反的是，也有部分大学生在做决策时盲目地跟风，选择了看似热门但实际上并不适合自己的专业。结果，在后续的学习过程中，他们感到无比的痛苦，难以真正掌握专业知识和技能。毕业后，他们难以找到与专业对口且令自己满意的工作，不得不频繁地更换职业。这种频繁的变动不仅导致个人的职业发展严重受阻，无法形成稳定且持续的上升趋势，还使得经济压力日益增大，生活质量因此变得不尽如人意。他们在职业的道路上徘徊不定，迷茫而困惑，无法找到属于自己的明确方向。

由此可见，大学生职业生涯发展决策的制定至关重要，它是大学生通向成功和幸福生活的关键一步，是开启美好未来的钥匙。每一位大学生都应以审慎、明智的态度对待这一决策，充分结合自身的兴趣、特长和优势，做出最适合自己的选择，为未来的人生奠定坚实的基础。

第一节　职业生涯发展决策的理论及意义

在当今这个竞争激烈的职场环境之中，职业生涯发展决策已成为关乎个人职业能否取得成功的关键因素。一个正确、恰当且明智的决策，不仅能够卓有成效地引导个体坚定不移、稳步扎实地走向理想的职业道路，而且对个人的生活满意度以及整个社会的经济发展产生重大影响。

一、职业生涯发展决策的理论

（一）特质因素理论

特质因素理论强调个人特质与职业因素之间的精准匹配。个人特质所涵盖的范围广泛且丰富，包括个人内心深处的兴趣爱好、自身所具备的能力水平、根深蒂固的价值观等；而职业因素所包含的内容同样繁杂多样，涵盖具体的工作内容、明确的职业要求、独特的职业环境等。比如，乔布斯极具创新精神和设计才华，他对创新和设计有着独特的兴趣与天赋，促使他在科技领域坚持不懈地探索前行，最终成功创立了举世闻名的苹果公司，并推出了一系列具有划时代意义、引领行业潮流的卓越产品。

（二）职业发展阶段理论

职业发展阶段理论将职业生涯细致地划分为不同的阶段，如探索期、建立期、维持期和衰退期。在探索期，个体通常会通过积极尝试各种不同的活动来深入了解自己的兴趣所在和能力高低；在建立期，个体逐渐清晰地确立职业目标，并全力以赴、努力拼搏去实现；在维持期，更加注重保持已取得的职业成就和稳固现有的地位；在衰退期，不可避免地面临职业角色的逐渐减少。以运动员为例，在其职业生涯的早期探索期，他们会大胆尝试不同的运动项目，努力去发现自己的优势所在；在建立期，他们会专注于特定的项目，并竭尽全力提升自身的竞技水平；在维持期，他们会想方设法保持良好的竞技状态，奋力争取更多的荣誉；在衰退期，他们逐渐转型从事教练或相关工作，以另一种方式延续自己的体育生涯。

（三）社会认知职业理论

这一理论认为，个体的职业选择是自我效能、结果预期和个人目标相互作用、共同影响的结果。自我效能即个体对自己能否出色完成某项特定任务的坚定信心；结果预期是对自身行为可能导致的最终结果的合理估计；个人目标如同明亮的灯塔，始终坚定不移地指导着个体的职业决策。埃隆·马斯克在面对电动汽车和太空探索等看似充满高风险、高挑战的前沿领域时，凭借对未来发展趋势的清晰准确预期，最终取得了令人瞩目的巨大成功。

（四）职业锚理论

职业锚是个人在漫长的职业生涯中逐步形成、日渐稳固的核心价值观和明确清晰的职业定位。常见的职业锚类型多种多样，包括技术/职能型、管理型、自主/独立型、安全/稳定型、创造/创业型等。例如，比尔·盖茨作为技术/职能型的杰出代表，专注于计算机技术的深入研发和持续创新，缔造了微软这一商业帝国的辉煌传奇。

二、职业生涯发展决策的意义

（一）对个人的意义

1. 实现职业目标

有助于个体清晰明确地把握自己的职业方向，精心制定出科学合理的发展规划，从而更加高效、更有成效地实现长期和短期的职业目标。例如，小李从小就对医学领域充满了浓厚的热情，在大学报考时坚定地选择了医学专业，并在毕业后顺利进入一家知名医院工作。通过不懈努力，他成为一名优秀外科医生，成功实现了自己的职业梦想。

2. 提升工作满意度

当个人从事的职业与自身的特质和兴趣高度匹配时，更容易在工作中获得满足感和成就感，从而显著减少职业倦怠的出现。例如，小王对文学创作满怀热爱，毕业后成为一名自由撰稿人，虽然收入状况不太稳定，但他在创作过程中找到了乐趣，从未对自己当初的选择感到后悔。

3. 增强职业竞争力

通过科学合理的决策，个体能够未雨绸缪，提前规划好所需的知识、技能和经验，进而大幅提高就业市场中的竞争力。例如，小赵在大学期间就考取了相关的专业证书，并积极参加了多个实习项目，毕业后顺利进入一家大型企业。

4. 促进个人成长和发展

个体在职业生涯中不断学习新知识、新技能，积极适应各种变化，持续提升自身的综合素质，最终实现个人的全面成长和持续发展。例如，小张在工作中不断遇到新的挑战，但他始终以积极乐观的态度应对，不断学习新的知识和技能，从一名普通的员工逐步晋升为部门经理。

（二）对社会的意义

1. 优化人力资源配置

个体能够精准找到最适合自身发展的职业岗位，显著提高人力资源的利用效率，有力促进社会经济的高效发展。在科技行业，众多专业人才全身心地投身于前沿技术的研发工作，从而推动了行业的快速进步。

2. 推动行业创新

合理的职业生涯决策有助于将优秀人才分配到最能发挥其创新能力的领域，强力推动行业的技术进步和创新成果的涌现。例如，在新能源领域，许多科研人员凭借对行业的满腔热爱和清晰明确的职业规划，贡献了一系列重要的创新成果。

3. 促进社会稳定

当个人在职业中获得满足和成就时，有助于减少社会不稳定因素的产生，构建和谐稳定的社会环境。稳定且令人满意的职业能够让人们更加顺畅地融入社会，有效减少焦虑和不满情绪的滋生。

职业生涯发展决策的理论为个体提供了科学系统、切实可行的指导框架，能够帮助人们更加全面深入地认识自己和职业世界，其意义不仅充分体现在个人的职业成功和生活美满之上，也对社会的稳定和谐具有至关重要的推动作用。因此，无论是个人还是社会，都应高度重视职业生涯发展决策，为实现个人价值和社会发展的双赢局面创造有利条件，共同铸就美好未来。

第二节　职业生涯发展决策的基本方法及步骤

大学生在面对多元化且竞争激烈的职场环境中，做出有效的职业生涯发展决策对于个人的职业成功和生活满意度极为重要。清晰而合理的决策流程能够引领个人在众多职业选项中觅得最适配自身的路径，达成职业目标，增进个人价值。

一、职业生涯发展决策的基本方法

（一）SWOT 分析法

通过对自身优势（Strengths）、劣势（Weaknesses）、机会（Opportunities）

和威胁（Threats）的综合评估，全方位洞悉个人在职业发展中的内外部环境。例如，小李是一位计算机专业的毕业生，他的优势在于具备扎实的编程基础和良好的逻辑思维能力，劣势是项目经验相对较少，机会是人工智能领域的迅速崛起，威胁是该领域人才竞争激烈。通过 SWOT 分析，小李明确了自己需要在积累项目经验的同时，抓住人工智能发展的机遇，提升自身竞争力。

SWOT 分析法的示例

一、个人情况

姓名：［姓名］

专业：［专业名称］

年级：［具体年级］

二、SWOT 分析

（一）优势（Strengths）

（1）学习能力较强，能够快速掌握新知识和技能。

（2）具备良好的沟通能力，能够与不同的人建立有效的交流。

（3）有较强的组织协调能力，在团队活动中表现出色。

（4）已经掌握了一些专业基础知识，为进一步学习和实践打下基础。

（5）有较强的自我驱动力和自律性，能够主动完成学习和工作任务。

（二）劣势（Weaknesses）

（1）实践经验相对不足，缺乏实际工作中的锻炼。

（2）决策时有时过于犹豫，不够果断。

（3）面对较大压力时，情绪管理能力有待提高。

（4）创新思维不够活跃，在解决问题时可能缺乏新颖的思路。

（5）对某些专业领域的知识掌握不够深入。

（三）机会（Opportunities）

（1）所在专业的就业前景广阔，市场需求较大。

（2）学校提供了丰富的实习和交流机会，能够拓展视野和积累经验。

（3）行业发展迅速，新兴领域不断涌现，有更多的职业选择。

（4）可以参加各类职业技能培训和竞赛，提升自己的竞争力。

（5）网络资源丰富，便于获取最新的行业信息和学习资料。

（四）威胁（Threats）

（1）同专业的毕业生数量众多，竞争激烈。

（2）行业技术更新换代快，需要不断学习跟上发展步伐。

（3）经济形势不稳定，可能影响就业机会和薪资待遇。

（4）社会对人才的要求越来越高，综合素质的提升面临挑战。

三、职业规划策略

（一）SO 策略（依靠内部优势，利用外部机会）

（1）积极参加学校的实习项目，利用良好的沟通和组织能力，争取在实习中表现出色，为就业积累优势。

（2）借助网络资源和学校提供的交流机会，深入了解行业动态，提前为进入新兴领域做准备。

（3）发挥学习能力强的优势，参加职业技能培训和竞赛，提升专业技能，增加就业竞争力。

（二）WO 策略（克服内部劣势，利用外部机会）

（1）利用学校丰富的实习机会，弥补实践经验不足的短板，提升实际操作能力。

（2）参加情绪管理和决策能力提升的课程或活动，改善在决策和压力应对方面的不足。

（3）抓住行业发展带来的新机遇，通过自主学习和参加培训，深入掌握专业前沿知识。

（三）ST 策略（依靠内部优势，抵御外部威胁）

（1）凭借扎实的专业基础和较强的学习能力，不断更新知识体系，适应行业技术的快速变化。

（2）在竞争激烈的就业环境中，突出自己的沟通和协调能力，展现综合素质。

（3）发挥自我驱动力和自律性，持续提升自己，应对社会对人才越来越高的要求。

（四）WT 策略（减少内部劣势，抵御外部威胁）

（1）努力克服创新思维不足的问题，多参与创新实践活动，培养独特的思考方式。

（2）加强专业知识的深度学习，提高自己在同专业毕业生中的竞争力。

（3）建立良好的心态，应对经济形势不稳定带来的就业不确定性。

通过 SWOT 分析和相应的职业规划策略，能够为大学生的职业生涯发展提供较为清晰的方向和指导，帮助其更好地实现职业目标。但需要注意的是，职业生涯规划是一个动态的过程，应根据实际情况不断调整和完善。

（二）决策平衡单法

将职业选择的各个因素依照重要程度赋予权重，然后对不同选择在各个因素上的得分进行加权计算，进而得出综合得分，用于比较不同选择的优劣。比如，小王在面对两份工作邀请时，一份工作薪资较高但工作强度大，另一份工作工作环境舒适但薪资一般。他将薪资、工作强度、职业发展机会、工作环境等因素纳入考量，并赋予相应权重。经过计算和比较，小王最终做出了更符合自身需求的选择。

（三）生涯人物访谈法

与从事目标职业的人士展开交流，了解其工作内容、职业发展路径、所需技能和素质，以及工作中的挑战和满足感。通过访谈获取第一手信息，为自己的决策提供参考。小张一直对心理咨询师这个职业感兴趣，他通过网络联系到了几位资深心理咨询师，并进行了深入访谈。了解到这个职业不仅需要专业知识，还需要很强的沟通和共情能力，同时面临着客户压力和职业伦理等挑战。这些信息让小张对这个职业有了更清晰的判断。

二、职业生涯发展决策的步骤

（一）自我评估

1. 价值观和兴趣

明晰个人的核心价值观和长期感兴趣的领域，这是职业满意度的基石。比如，小赵重视社会公平，对帮助弱势群体充满热情，他在职业选择时倾向于公益组织或社会服务类工作。

2. 能力和技能

对自己的专业技能、通用技能（如沟通、团队协作等）和可迁移技能（如问题解决、时间管理等）进行客观评判。小孙在大学期间参与了多个社团活动和项目，通过这些经历，他发现自己在组织协调和沟通方面表现出色，这为他选择管理类职业提供了支持。

3. 性格特点

了解自己的性格类型，如外向型、内向型、直觉型等，以及性格对职业选择的影响。小周性格内向，喜欢独立思考和专注工作，他发现自己更适合从事科研、数据分析等需要静心钻研的工作。

（二）职业探索

1. 行业研究

了解不同行业的发展趋势、市场规模、竞争态势等。小刘对互联网金融行业感兴趣，通过查阅行业报告、分析市场数据，他了解到该行业发展迅速，但监管政策也在不断加强，这让他在职业规划时更加注重政策法规的学习和适应。

2. 职业调研

研究具体职业的工作内容、任职要求、薪资待遇、晋升空间等。小陈想成为一名产品经理，他通过在线招聘信息、与从业者交流等方式，详细了解了产品经理的日常工作、所需技能和职业发展路径。

3. 就业市场分析

关注就业市场的供求关系、新兴职业和热门职业。小吴在选择职业时，发现大数据分析是一个热门且需求不断增长的领域，于是他决定学习相关知识和技能，为进入这个领域做准备。

（三）目标设定

1. 短期目标

设定接下来 1~2 年内可达成的具体目标，如获取某项职业资格证书。小郑计划在 1 年内考取会计初级证书，为进入财务领域打下基础。

2. 中期目标

规划 3~5 年内的目标，如晋升到某个职位或掌握特定的专业技能。小林希望在 3 年内晋升为部门主管，并在此期间掌握项目管理的专业技能。

3. 长期目标

确立 5 年以上的远景目标，如成为行业专家或创立自己的企业。小杨立志在 10 年内成为所在行业的知名专家，并拥有自己的咨询公司。

（四）方案制定

1. 教育和培训计划

根据目标确定是否需要进一步深造、参加培训课程或获取相关证书。小胡为了实现成为软件工程师的目标，报名参加了专业的编程培训课程，并计划在未来攻读相关硕士学位。

2. 实习和工作经验积累

寻找与目标职业相关的实习或兼职机会，积累实践经验。小朱想成为市场营销专员，在大学期间积极寻找相关实习，参与了多个营销项目，积累了丰富的经验。

3. 人际关系网络建设

积极拓展行业内的人脉资源，为职业发展提供支持。小何经常参加行业研讨会和社交活动，结识了许多业内人士，为自己的职业发展创造了更多机会。

（五）评估选择

1. 可行性分析

对每个方案的可行性进行详尽分析，包括时间、资金、资源等方面的限制。小陆在评估创业方案时，充分考虑了启动资金、市场风险和自身的时间精力，确保方案具有实际可操作性。

2. 风险评估

预测可能面临的风险和挑战，并制定应对策略。小周在选择跨行业就业时，预见可能需要较长时间适应新环境和学习新知识，因此提前制订了学习计划和心理调适方案。

3. 最终决策

综合考量各方面因素，做出最终的职业发展决策。小吴在面对多个工作机会时，经过全面分析和权衡，选择了最符合自己职业规划和发展需求的工作。

（六）实施与调整

1. 制订行动计划

将决策转化为具体的行动计划，明确时间表和责任人。小孟在确定职业方向后，制订了详细的年度计划，将学习、实践和社交等活动安排得井井有条。

2. 定期评估

定期回顾职业发展的进展状况，依据实际情况对计划进行调整和优化。小孙每半年对自己的职业发展进行一次评估，及时发现问题并调整策略。

3. 应对变化

灵活应对内外部环境的变化，适时调整职业决策。小徐所在行业受到政策调整的影响，他迅速调整职业规划，转向相关的新兴领域。

职业生涯发展决策是一个复杂但关键的过程，需要综合运用多种方法，并遵循系统的步骤。通过科学的自我评估、全面的职业探索、明确的目标设定、合理的方案制定与评估选择，以及持续的实施与调整，个人能够更有效地把控职业发展的方向，实现自身的职业理想和人生价值。同时，个人应始终保持开放的心态和学习的热忱，不断适应职场的变化，做出适时且明智的决策。

第三节　职业生涯规划方案的制定

在当今机遇与挑战交织的社会环境中，一份用心制定的职业生涯规划方案对于个人的职业发展举足轻重。它宛如一座灯塔，为个人指明前行的方向，同时提供了达成职业目标的有效途径与策略。对于每一个人而言，职业生命是有限的，如果不进行有效的规划，势必会造成时间和精力的浪费。作为当代的大学生，若茫然踏入竞争激烈的社会，可能不会取成功，梭罗说过："人是自己幸福的设计者。"人只有有了目标，才会有动力。路是脚踏出来的，历史是人写出来的，人的每一步行动都在书写自己的历史。因此，我们应尽早拟定一份职业生涯规划。

一个有效的职业生涯设计必须是在充分且正确认识自身条件与相关环境的基础上进行的。要审视自己、认识自己、了解自己，做好自我评估，包括自己的兴趣、特长、性格、学识、技能、智商、情商、思维方式等。即要弄清想干什么、能干什么、应该干什么、在众多的职位面前会选择什么等问题。所以，要想成功，就要正确评价自己。

一、明确职业愿景

（一）思考人生理想

静下心来深度思索自己对未来生活的期许和理想状态。这或许涵盖工作与生活的平衡追求、社会地位的渴望、个人兴趣的充分满足等层面。例如，马云在创业初期，就怀揣着通过互联网改变商业形态、让天下没有难做的生意这一理想，这是他创建阿里巴巴的强大动力源。

（二）提炼职业愿景

基于人生理想，精心提炼出与职业紧密相关的核心愿景。例如，埃隆·马斯克，他一直致力于推动可持续能源的发展和太空探索，希望通过创新技术改变人类的未来，驱动他在特斯拉和 SpaceX 等领域不断突破。

二、自我评估

（一）性格特点

借助专业的性格测评工具，如 MBTI 性格测试（见图 4-1），深入了解自己的性格类型和显著特点。比如，发现自身是外向且富有创造力的性格，或许更适宜投身于需要频繁与人交流和依赖创新思维的工作领域。

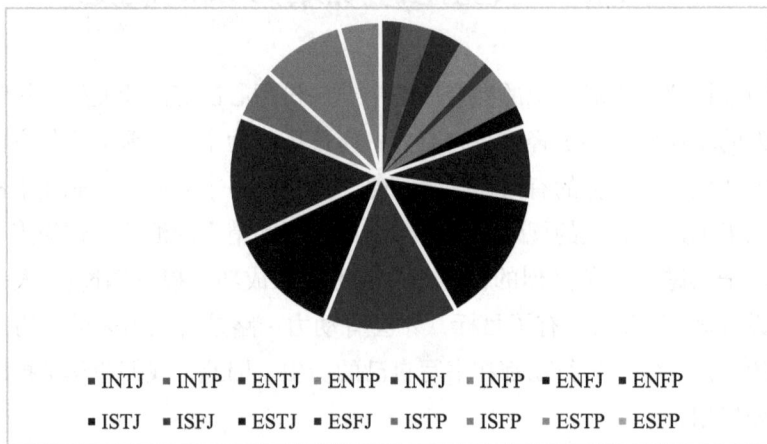

图 4-1 MBTI 性格测试

MBTI 测试，有四大维度——外向（E，英文缩写，下同）与内向（I）、实感（S）与直觉（N）、情感（F）与思考（T）、判断（J）与知觉（P）。这些细分维度可以像积木一样组合，其中，四种细分维度的组合被称为"性格形态"，MBTI 共包含 16 种不同的性格形态。

（1）INTJ。心思缜密、喜欢在一个领域做深做透，又被称为专家型人格。他们的口头禅是"这样做不对""应该要那样、那样，再那样"……缺点是，易让人觉得过于严肃、认真。代表：英国导演克里斯托弗·诺兰。

（2）INTP。INTP 更避世，崇尚自由，有无穷的创造力。他们是 16 型人格中最不拘小节的，丢三落四与犯低级错误是常有的事。如果现实允许，他们很愿意当个隐士，或逃去外太空。代表：德国物理学家阿尔伯特·爱因斯坦。

（3）ENTJ。占主导地位的领导者，喜欢指挥别人，也乐于制订计划、操心大小事务等。他们通常不会让别人失望，其他人会听候差遣，并越来越依赖他们。不过，ENTJ 很强势，有时甚至冷酷无情。代表：美国苹果公司联合创始人史蒂夫·乔布斯、英国前首相"铁娘子"玛格丽特·撒切尔。

（4）ENTP。被称作"智多星"，点子、创意多。他们性格多变，难以用一个词概括。好奇心重，享受推倒常规思维的乐趣。切记，不要跟 ENTP 辩论，否则他们不把你辩倒绝不罢休。代表：美国作家、演说家马克·吐温。

（5）INFJ。正直、博爱，是坚定的理想主义者、Love&Peace 的践行者。

有时，INFJ 会为了理想，甘愿牺牲小我。代表：美国黑人民权运动领袖马丁·路德·金、印度圣雄甘地。

（6）INFP。表面文静，内心敏感，同理心很强，心地善良。INFP 是 16 型人格中最柔弱的，也容易自卑，日常生活中，INFP 的存在感往往很弱。同时，他们追求完美、死抠细节。代表：《红楼梦》里的林黛玉、《天使爱美丽》的主角艾米丽。

（7）ENFJ。如果有人对你知无不言、言无不尽，还时不时喜欢教导你，那么他很可能是个 ENFJ。ENFJ 是天生的教育家、善良的利他主义者，但往往好为人师、喜欢说教。代表：电影《大话西游》里的唐僧是夸张版的 ENFJ。

（8）ENFP。为人热情、率性洒脱，渴望浪漫与诗意。喜欢收集很多有趣的人、事、物，并热衷与他人分享。16 型人格中，ENFP 是最擅长讲故事的。代表：脱口秀主持人、音乐人高晓松。

（9）ISTJ。极度严谨、自律，又可靠。他们是企业、社会的"稳压器"，普遍把工作摆在第一位，跨国企业公司 CEO 是"ISTJ"含量最高的。"扑克脸"，是 ISTJ 的常见表情，常常"喜怒不形于色"。代表：德国总理安格拉·默克尔。

（10）ISFJ。务实、有责任心，又忠诚。他们的忍耐力极强，即便面临突变，也会坚持到底。ISFJ 甘于充当幕后英雄，几乎没有人不喜欢跟他们一起工作。不过，ISFJ 也是 16 型人格里最悲观的类型之一。代表：英国女王伊丽莎白二世。

（11）ESTJ。严格维护法律、道德以及组织的规章、纪律等，擅长监督他人。他们很有条理性，讨厌无纪律无规则的家伙；管理风格是强硬、高效、细致。16 型人格中，ESTJ 最强势。代表：学校教导主任。

（12）ESFJ。对人和蔼可亲、热情满满，又无微不至。社交生物，在聚会中十分受欢迎。与避世的 INTP 相反，ESFJ 最出世。他们是典型的"和事佬"，厌恶任何冲突。代表：美国前总统比尔·克林顿。

（13）ISTP。不善言辞、低调，却往往精通各类工具——技术的、艺术的，让人望尘莫及。私下里，他们热衷挑战蹦极、滑翔、跳伞等极限运动。代表：美国演员克林特·伊斯特伍德，以"铁汉"形象著称，被猜测是一个 ISTP。

（14）ISFP。擅长打破常规的艺术家——无论通过自己的设计、审美，还是选择、行动等。他们敏感、感知能力极强，擅长从身边的人、事、物中挖掘创作灵感。他们最不擅长的是计划将来。代表：加拿大歌手艾薇儿·拉维尼、美国歌手拉娜·德雷。

（15）ESTP。绝大多数 ESTP 外表迷人，谈话幽默，又乐于成为人群的焦点。他们活在当下，是 16 型人格中最识时务、最有魅力的类型之一。但他们常被指责喜新厌旧、花心等。代表：美国流行音乐女王麦当娜、美国小说家海明威。

（16）ESFP。喜欢聚光灯、将整个世界变为自己的舞台，吸引众人注意力，又被称作"表演者"人格。ESFP 完全享受社交，也擅长炒热气氛。他们永远跟着感觉走，对一切新的生活体验感兴趣。不过，ESFP 也常被认为玩世不恭。代表：美国性感女神玛丽莲·梦露、英国歌手阿黛尔。

（二）能力与技能

我们应全面且客观地评估自己具备的专业能力、通用技能以及可迁移技能。以雷军为例，他不仅具备卓越的技术研发能力，还拥有出色的领导和管理才能，这使得他能够成功创办小米公司并引领其发展壮大。

美国著名职业心理学家约翰·霍兰德认为，根据兴趣的不同，人格可分为现实型、社会型、企业型、常规型、研究型、艺术型，每个人的性格都是这六个维度不同程度的组合，个人兴趣特征与职业之间有内在的对应关系。

（三）优势与劣势

细致分析自己在性格、能力等方面的优势和劣势。清晰认知自身在哪些方面独具竞争优势，以及哪些方面尚需进一步提升和改进。比如，乔布斯深知自己在创新和设计方面天赋异禀，但在团队管理的初期也存在不足，通过不断学习和调整，最终成为卓越的领导者。

三、探索职业环境

（一）行业趋势

深入且全面地研究目标行业的发展趋向，其中涵盖市场规模的增减变化、技术创新所带来的一系列影响等方面。例如，近年来，人工智能行业犹如一颗璀璨的新星，呈现出爆发式的迅猛增长态势，这种惊人的发展速度为众多投身于该领域的从业者开辟了无比广阔的发展空间，提供了大量前所未有的机遇。

（二）职业需求

对目标职业展开全方位、多层次的剖析，深入探究其岗位要求、技能需求以及知识结构。务必充分且详尽地了解不同职位的具体工作内容、清晰明确的晋升途径以及至关重要的薪酬待遇等关键核心信息。

（三）就业机会与竞争

精准且透彻地评估目标职业的就业机遇和竞争的激烈程度。敏锐地洞察该职业在不同地区的需求状况，以及竞争对手的显著特性和独特优势。

四、设定目标与阶段

（一）长期目标

确立一个长远的、极具挑战性但又切实可行的职业目标。要具备精明干练的办事能力，始终有将每一次工作都做到尽善尽美的强烈愿望，争取得到上级的赏识与提拔。能够坚定不移地将工作贯彻到底，对实现既定目标拥有毅力和决心。必须要有强烈的责任意识，让他人能够充分信任自己，坚信自己能够兑现诺言。例如，马化腾立志将腾讯打造成为全球领先的互联网科技企业，历经多年的不懈努力，腾讯已然在多个领域取得了显著成就。

（二）短期和中期目标

将长期目标细致地拆解为短期（1~2年）和中期（3~5年）的具体目标。短期目标可以设定为成功获取相关的专业证书或者圆满出色地完成特定的项目。中期目标可以是顺利晋升到特定的职位或者熟练精准地掌握特定的核心技能。首先要初步接触职业和职业生涯的概念，尤其是重点深入了解自己未来希望从事的职业或者与所学专业紧密对口的职位，进行初步的职业生涯规划。熟悉周边环境，积极建立全新的人际关系，大力提高自身的交际沟通能力。在职业方面，可以向同年级的学生虚心询问，吸取经验。在学习方面，要扎实筑牢基础知识，加强英语、计算机能力的培养。这些都是现代职业者所应当具备的基本技能。在加强专业学习的同时，考取与目标职业有关的职业资格证书或者相应地通过职业技能鉴定。积极参与与专业相关的工作，与同学交流求职的心得体会，认真学习撰写简历、求职信等实用技巧，了解收集就业信息的有效方法，如有机会要勇敢积极地尝试。要有明确清晰的工作目标和条理分明的组织结构层次。

（三）阶段规划

为每个目标精心设定对应的阶段和明确的时间节点，用心制定清晰明了的发展路径。

五、制订行动计划

（一）学习与提升计划

依据目标和自身当下的实际状况，拟订科学合理的学习和提升计划。其中涵盖参加专业的培训课程、自主深入学习专业知识、努力获取相关证书等内容。

（二）实践与经验积累规划

精心规划实践活动，如参与实习、投身项目、从事兼职工作等，以切实有效地积累丰富的实际工作经验。

（三）人际关系拓展

制定行之有效的拓展人际关系的策略，如积极踊跃地参加行业活动、主动热情地加入专业社群、与业内人士建立紧密稳固的联系等。

六、建立反馈机制

（一）定期评估

设定固定的周期（如每季度或半年）对职业生涯规划的执行情况进行全面、深入、细致的评估。仔细认真地检查目标的达成进度、行动计划的执行成效等方面。

（二）调整与优化

根据评估得出的结果，及时对职业目标、行动计划和策略进行灵活机动、恰到好处的调整与优化。当外部环境发生重大转变或者个人情况出现显著变化时，对职业生涯规划进行全方位、多角度的优化改进。

职业生涯规划方案的制定是系统繁杂、环环相扣的过程，需要个人充分结合自身的特点和外部环境的实际情况，展开深入透彻的思考并进行精心细致的规划。通过清晰的职业愿景、全方位的自我评估、深度探索职业环境、科学合理地设定目标与阶段、精心拟定具体的行动计划以及构建行之有效的反馈机制，个人能够制定出极具针对性和可操作性的职业生涯规划方案，从而为实现职业成功和个人价值奠定坚实基础。

《大学生职业生涯规划书》

一、前言

人生就像在大海里航行，如果没有方向，任何风向都是逆风。作为一名大学生，为了在未来的职业道路上能够乘风破浪，实现自己的人生价值，制定一份科学合理的职业生涯规划是十分必要的。

二、自我评估

1. 性格特点

（1）性格外向，热情开朗，善于与人交往。

（2）具备较强的耐心和毅力，做事能够持之以恒。

（3）有时会过于追求完美，导致做事效率不高。

2. 兴趣爱好

（1）喜欢阅读文学作品，丰富内心世界。

（2）热爱摄影，善于用镜头捕捉美好瞬间。

3. 能力特长

（1）具有良好的语言表达能力，能够清晰地阐述自己的观点。

（2）具备一定的组织协调能力，曾成功组织过多次社团活动。

4. 优势与不足

优势：学习能力较强，能够快速适应新环境；有较强的责任心和团队合作精神。

不足：缺乏实践经验，决策时有时会犹豫不决；时间管理能力有待提高。

三、职业认知

1. 行业发展

随着经济的发展和科技的进步，互联网、金融、文化传媒等行业发展迅速，具有广阔的前景。

2. 职业需求

（1）互联网行业对技术研发、产品设计、运营管理等方面的人才需求较大。

（2）金融行业需要具备专业知识和分析能力的人才。

（3）文化传媒行业注重创意和创新能力。

3. 就业形势

竞争激烈，对人才的综合素质要求越来越高。

四、职业目标

1. 职业定位

结合自身兴趣和能力，希望从事互联网产品运营或文化传媒策划相关工作。

2. 职业发展路径

（1）互联网产品运营：运营专员→运营经理→运营总监。

（2）文化传媒策划：策划专员→策划经理→创意总监。

五、大学期间规划

1. 大一至大二年级

（1）熟悉校园环境和教学资源，适应大学生活。

（2）认真学习基础课程，提高学习成绩。

2. 大二至大三年级

（1）确定专业方向，选修相关课程。

（2）考取相关证书，如计算机二级、英语四、六级等。

（3）寻找实习机会，积累实践经验。

3. 大三至大四年级

（1）深入学习专业课程，提高专业水平。

（2）参加项目实践，提升综合能力。

（3）准备求职材料，参加校园招聘。

六、毕业后五年规划

1. 第一年

（1）顺利入职，熟悉公司文化和工作流程。

（2）努力完成工作任务，争取得到上级认可。

2. 第二年至第三年

（1）提升专业技能，成为团队中的骨干成员。

（2）参与重要项目，积累项目经验。

3. 第四年至第五年

（1）担任管理职务，带领团队完成工作目标。

（2）不断学习新知识，关注行业动态。

七、实施策略

1. 学习策略

（1）制订学习计划，合理安排时间。

（2）多渠道学习，包括课堂学习、在线课程、阅读书籍等。

2. 实践策略

（1）积极参加实习和项目，将理论知识应用于实践。

（2）主动承担工作任务，锻炼自己的能力。

3. 人际关系策略

（1）与同学、老师、同事保持良好的沟通和合作。

（2）拓展人脉资源，参加行业活动。

八、评估与调整

1. 定期评估

每半年对自己的职业规划进行评估。

2. 调整原则

（1）根据自身发展情况和外部环境变化进行调整。

（2）确保调整后的规划具有可行性和挑战性。

九、结语

职业生涯规划是人生道路上的一座灯塔，为我指引前进的方向。我将坚定信念，勇往直前，努力实现自己的职业目标，创造美好的未来。

▶第五章 职业生涯目标管理

第一节 职业生涯目标的设定

高校教育是学生从学业迈向社会生活的阶段，职业生涯和发展规划教育是他们迈向社会的第一步，能够帮助学生尽早确立职业生涯规划目标，明确人生方向。为确保目标的科学与有效，大学生在规划职业生涯时，需要从多个角度进行。

在职业生涯规划理论中，"目标设定"被视为选择人生发展方向的起始点，一个人只有明确了目标后，才能产生追求的动力。对大学生而言，职业生涯规划目标实质上是他们的就业目标。

学生在制定职业生涯规划目标时，应参考具体岗位需求和任职资格要求，在校学习期间应不断提升自己的能力与素质，构建与岗位相匹配的能力模型。这样，学生能更加明确自己的发展方向，为未来的职业生涯奠定坚实基础。

一、目标设定应与社会和组织需求紧密对接

高校大学生求职就业是填补人才空缺的过程。在求职过程中，学生通过不断的探索，找到与自身能力相匹配的岗位。成功的求职，既为社会的持续发展提供了人才支撑，也为个人的职业生涯奠定了坚实的基础。学生通过职场逐渐融入社会生活，逐渐减少对家庭的依赖，最终成为社会中不可或缺的一员。

高校学生在校所学的专业与社会实际需求之间常常存在一定的供需变化。随着市场经济的快速演变，市场对各类人才的需求也在持续波动。许多学生在选择专业时，该领域可能正处于需求旺盛的阶段。但随着时间的推移，该领域的专业人才可能已经饱和，这可能导致学生在求职过程中面临诸多挑战。因此，学生在设置自己的职业目标时，需要密切关注社会需求的变化，以确保自

已能够顺利地融入职场，实现个人价值。

除市场因素导致的供需变动之外，高校大学生的谋职就业还与其信息收集能力和分析能力密切相关。尽管互联网时代极大地提高了学生获取信息的能力，但受限于高校学生的社会圈层接触范围，他们的就业辐射面仍然相对有限。

在这个有限的范围内，高校大学生如何有效地收集、分析和应用就业信息，对于他们的求职成功至关重要。首先，学生需要学会利用互联网资源，如招聘网站、社交媒体和行业论坛等获取最新的就业信息。其次，他们还需要具备对信息的筛选和判断能力，识别出与自身专业和能力相匹配的岗位和机会。

为了提高自己的信息处理能力，学生可以积极参加各种就业指导活动，如职业规划讲座、模拟面试和实习机会等。这些活动不仅能够帮助他们了解就业市场的最新动态，还能够提升他们的求职技能和竞争力。因此，在谋职就业的过程中，高校大学生需要注重培养自己的信息收集和分析能力，以便在有限的就业辐射面内找到最适合自己的岗位和机会。同时，他们需要不断关注市场动态，调整自己的职业规划，以应对可能出现的供需变动。

在大学生确定就业目标的过程中，我们必须高度关注和重视他们所学的专业问题。因此，在制定职业生涯规划目标时，深入剖析个人专业的优势与劣势尤为重要。在设定职业目标时，学生应充分理解社会对不同专业背景人才的需求状况，并明白专业与工作岗位之间的关系并非严格的一对一对应，而是可以实现一对多的灵活匹配。这意味着，学生的就业发展规划不必被限定在某一特定的工作岗位上。

当社会对某一岗位的人才需求较低时，学生应结合所学专业的特色，积极展开市场调研，深入了解与该专业相关的工作岗位的变化趋势和人才需求。基于这些调研结果，学生可以灵活地调整自己的职业生涯规划目标，确保目标的设定与社会的实际需求相符。通过这种方式，不仅可以提升学生的就业竞争力，还有助于解决就业率偏低等问题，为学生的职业发展奠定坚实基础。

近年来，尽管计算机科学与技术专业因其广泛的应用领域和快速的发展速度而备受关注，但随着技术的不断进步和人才市场的变化，该专业的学生也面临着一定的就业挑战。根据某权威调查机构发布的数据，近年来计算机科学与技术专业的大学生就业率相比以往有所降低，尤其是对于一些未能紧跟技术发展潮流、缺乏实践经验或技能单一的毕业生来说，就业难度更大。

这种情况与腾讯网 2009 年 12 月公布的"近三年重庆市大学生最难就业的

专业"调查结果有一定的相似性。在那次调查中，工商会计、语言类、医学类、法学类等专业的大学生面临着就业率偏低的问题，同样反映出专业结构性失业的问题，即少数专业的毕业生占据了较大的失业比例。

因此，对于大学生来说，如何适应市场需求和技术发展，提升自己的竞争力和拓展就业领域，是解决就业问题的关键所在。

二、量身打造的职业目标

职业生涯规划目标设定的核心在于为个人未来提供一个强有力的导向点，助力我们稳健地实现人生理想。在这个过程中，高校学生应深入探索自己的优势和潜在短板。

在探讨个人特点时，除了专业知识的深度和广度外，更应深入探究学生的性格特点和兴趣爱好。这些因素往往决定了高校毕业生在职场中的适应性、创造力和满足感。了解并发挥自身的性格优势，结合个人爱好，能让高校毕业生在求职道路上更加得心应手。从职业发展的视角出发，可以观察到，在专业技能层面往往难以区分显著的高低。在这种情境下，个人的性格特点和兴趣爱好往往成为影响职业发展的决定性因素。

如何与同事、团队协同工作，高效完成任务，已成为用人单位最为看重的素质之一。因此，高校学生在设定职业目标时，除了要深入了解不同工作岗位的特点以及对应岗位对未来人才的需求，良好的团队协作和人际交往能力是工作特性中必不可少的部分。

性格和爱好对一个人的职业发展有着不言而喻的重要作用。当个人的性格和兴趣与所选择的职业岗位需求不相吻合时，高校学生在就业过程中有很大的心理压力，影响到他们的情绪、情感乃至日常生活质量。除此之外，还会影响到学生的工作效率和质量，不利于学生实现个人的职业生涯规划目标。因此，在确立职业规划目标时，高校学生应充分考虑性格和爱好这两大因素，将其作为重要的参考依据。高校应该帮助学生仔细分析自身与目标职业之间的匹配程度，评估自己是否具备达成职业生涯规划目标所需的条件和素质。这样的考量既能够确保职业规划目标的可操作性和有效性，又能提高其科学性，帮助学生在职业道路上走得更加稳健和成功。

高校在学生职业规划目标确定过程中的指导作用不容忽视。高校学生在制定自己的职业规划目标时，应遵循一个全面且系统的过程。这个过程不仅要求学生对自己的兴趣、能力和特长有深入的了解，还需要对市场环境、行业趋势以及具体工作岗位的要求有清晰的认识。职业规划是一个持续的过程，通过自我评估、职业目标、制订计划、发掘自己的潜能、掌握行业信息、增强自己的竞争力、实现职业规划、持续自我评估和调整等环节，学生需要不断进行自我评估和调整。这包括对自己的兴趣、能力和职业目标进行重新审视和定位，以及对计划进行必要的修改和完善。通过持续的自我评估和调整，学生能够更好地适应职业发展的需要，并实现自己的人生价值。

三、高校学生职业目标设定的高低考量

在高校学生制定职业生涯规划的过程中，目标设定往往是一个值得深入探讨的问题。然而，由于大多数高校学生对自身的能力和素养缺乏全面而深入的了解，在职业生涯规划与目标设定上会出现两极分化的趋势。一部分学生对自己的能力和潜力过于乐观，设定的职业目标过高，缺乏对未来职业生涯的准确判断，往往会在求职过程中遇到较大的挫折，因为他们所追求的目标与自身的实际情况存在较大的差距；也有部分学生因为不自信，设定的职业目标过低，因为害怕面对挑战和竞争，选择了一些相对轻松、稳定但发展前景有限的工作岗位。

为了避免两极分化的现象，高校学生在设定职业目标时应该做到以下几点：

（1）全面自我评估。高校学生要深入了解自己的兴趣、能力、优势和劣势、对工作的期望和要求。通过自我评估，学生可以更加客观地认识自己，为制定合适的职业目标提供基础。

（2）了解行业趋势。学生应该关注行业的发展趋势和市场需求，了解不同岗位的要求和前景。这有助于他们更加准确地判断自己的能力是否匹配目标岗位，从而制定更加符合实际的职业目标。在规划职业生涯时，详尽地了解目标工作岗位至关重要。这包括但不限于了解其主要的工作内容、预期的工作方向、具体的薪资福利待遇、是否需要经常加班、与团队成员的协作方式、核心的工作任务，以及在实际工作过程中可能遇到的常见问题和挑战等。

（3）设定具体目标。学生应该避免设定过于模糊或过于宽泛的目标，而应该制定具体、可量化、可达成的目标。这样的目标不仅有助于学生更好地规划自己的职业生涯，还能激发他们的积极性和动力。对于长期的职业生涯规划目标，我们可以设定得相对远大，但短期的目标必须紧密结合个人的当前发展能力和区域环境，以确保这些规划目标既具有挑战性又具备可行性。只有这样，

我们才能进一步分析并制订出切实可行的行动计划。如果在实施行动计划的过程中遇到诸多阻碍，我们应灵活调整目标，确保其与自身能力相匹配。

（4）灵活调整目标。学生应该保持开放和灵活的心态，根据自身的实际情况和市场环境的变化适时调整自己的职业目标。这样的调整有助于学生更好地适应市场需求和自身发展变化，实现个人职业生涯的可持续发展。只有结合自己的能力情况设定就业目标，学生才可以更好地迈向目标，否则职业生涯规划目标将只是空中楼阁，无法实现。

总之，高校大学生要对自己有清醒的认识，在制定职业生涯规划时可适当拔高目标，在设定职业目标时应该充分考虑自身的实际情况和市场需求，给自己更多的动力，不断地充实自己、丰富自己，做到既不过于乐观也不过于悲观。只有这样才能制定出既符合自身实际情况又具有一定挑战性的职业目标，为个人的职业生涯发展奠定坚实基础。

四、目标设定要清晰具体

职业生涯规划目标能够帮助学生清晰地定位职业方向，因此，目标的设定应具体、科学且可操作性强。在规划职业发展路径时，高校学生不仅要有明确的目标，更要思考如何有效地实现这些目标。

以职业经理为例。学生需要深入研究该职位的晋升路径、评价标准以及晋升前需达成的各项指标。结合个人的能力结构、性格特点与职业需求的契合度，学生应分析出实现目标所需的策略与路径。以目标为导向可以帮助学生避免职业发展的盲目性，提高自我控制水平。明确的目标对学生未来的职业规划有很强的指导性，对学生个体行为有很大的激励作用，帮助学生主动地掌握职业命运。

要保障目标设定明确，必须注重环节和步骤。首先，不同阶段要有不同的标准。大学生因为社会阅历匮乏，因此对于职业的了解可能会存在一定的认知偏差。职业规划目标的确定并不是一成不变的，需要紧跟认知程度不断地做出调节，不断地对其精化细化，保障目标的可操作性和科学性。其次，在步入工作岗位之后，大学生可以根据岗位特征、日常工作状况来分析目标的可行性，并且对计划做出具体的调节和安排。学生所设定的职业规划和具体职业发展目标越具体，则越可以保障其科学性。

总而言之，职业发展规划目标就如同导师设置的论文课题，学生在目标设定过程中将目标确定为行程课题报告，在目标实现过程中需要准备材料、展开社会调研、分析讨论进而实现目标。职业发展规划目标和职业发展规划两者之间的关系就如同学生完成课题报告和课题报告完成过程之间的关系。需要引起关注和重视的是，在实现目标的过程当中，需要多方位因素共同协调才可以更快更好地达到目标。学生在以职业发展目标确定职业规划的过程中可以同时展开多项周期相对较长的任务，这样才能有效地缩短实现目标的周期，并在此基础上进一步调节目标，将目光放在更大的舞台，更好地促进学生的社会性发展。

五、目标设定应具备灵活性

个人经验认知伴随着学生的视野转变呈现出持续演进、动态变化的过程，学生的能力会随之调整和提升，因此，职业目标的设定不应是一成不变的。

随着学生阅历的积累和能力的增强，目标需要相应地调整和优化。在职业探索的过程中，学生可能会逐渐发现某些职业会遇到一些挑战和问题。在这种情况下，适时对目标进行灵活调整或有效转化，显得尤为重要。因此，在设定目标时，我们应保持一定的灵活性，预留一定的调整空间。学生可以根据客观环境的变化和自身条件的改变，适时地调整目标，确保职业生涯规划能够与时俱进，更好地符合个人发展需求和职业发展趋势。

除此之外，学生还应充分考虑其专业背景与社会的供需动态，从核心目标出发，设计两个相互关联的分支目标。若主目标在实施过程中遭遇障碍或难以达成，学生可以迅速转向分支目标。这样既保持了主线方向不变，又有助于学生在社会环境中更好地发展和适应。在规划过程中，学生应依据整体计划的主线，明确主辅目标，并基于自身的实践经验、当前情况与时间推进，灵活调整目标，以确保目标与实际能力相匹配，不断完善相关的能力和素养。

需要强调的是，当目标因各种因素发生变化时，学生需要学会适时调整，以避免无谓的时间、精力和资源的浪费。灵活调整是为了更高效、更有质量地进行职业生涯规划。因此，在目标设定与实现过程中，合理调节显得尤为关键。

六、理解职业目标与理想的差异

在规划个人职业生涯的过程中，许多学生常常混淆了职业目标与理想之间的区别。理想往往是我们心中对未来美好的憧憬和向往，而职业发展目标是我们基于现实条件，为实现职业生涯成功而设立的具体、可实现的目标。高校应帮助学生正确区分职业目标与理想，保证职业规划的顺利进行。

理想是人们心中对于未来的美好愿景，它可能非常遥远，甚至难以实现。而职业目标则是基于个人兴趣、能力和市场需求等现实因素，为实现职业生涯成功而设立的具体、可实现的目标。理想能够激励我们不断追求更高的目标，为我们提供精神支持。而职业目标更加具体，能够指导我们如何行动，帮助我们逐步取得职业生涯的成功。

正确区分职业目标与理想对于个人职业生涯的规划具有重要意义。学生在设立职业目标时，应充分考虑自身条件和市场需求，确保目标的可行性和科学性。在目标设定的领域，许多人容易将自己的理想直接等同于职业目标，尤其那些刚从校园踏入职场的毕业生，他们往往怀揣着满腔热情，认为一旦毕业就应立即投身于实现自己的理想。然而，这种直线式的思维方式是不理智的。

在规划个人的职业生涯时，我们应认识到，目标其实是通向理想的一条由多个必经阶段组成的道路，每个阶段的目标都是实现最终理想所不可或缺的组成部分，这些目标需要学生们精心规划，逐一实现，最终完成自己的理想。

以马斯洛的需求层次理论为参照，我们可以更加清晰地理解目标设定的逻辑。在马斯洛的理论中，人的需求被划分为不同的层次，从基本的生理需求到更高层次的自我实现需求。类似地，我们在设定职业目标时，也应从基础开始，逐步提升，直至最终实现自己的理想。这意味着，我们需要首先确保满足职业发展的基本需求，如获得稳定的工作、提升专业技能等，其次逐步向更高的目标迈进，如寻求更大的职业发展空间、实现自我价值等。因此，对于刚步入职场的毕业生来说，不要急于求成，而是应脚踏实地，设定清晰、可行的阶段性目标，并为之付出努力。只有这样，我们才能逐步接近并最终实现自己的理想。

第二节　职业生涯目标的分解

职业生涯，包含一个人在其一生中连续承担的所有工作角色和职务，它包含个人的职业选择、工作表现、职业发展等，深刻影响了个人的生活质量、社会地位以及自我实现的程度。职业生涯设计要求个体根据自身的兴趣、特长、价值观等因素，选择一个最适合自己发展的职业方向，并通过不断的学习、实践和自我提升，逐渐实现个人职业目标。职业生涯设计是个体在追求最佳职业生涯道路上的不断探索和追求。

职业生涯作为一个人生活的重要组成部分，与家庭、社会等其他领域有着密切的联系。然而，职业种类并非固定不变的选项，面对当今日益严峻的就业形势和职业发展挑战，大学生作为未来社会的主力军，要加强对自身的了解与认识，积极探索自己感兴趣的领域，明确自己的优势和特长，找到适合自己的职业方向。在这个过程中，最重要的是对自己的人生有明确的定位。通过不断的学习、实践和反思，逐渐实现自己的职业目标。

（1）了解自我。职业生涯规划的第一步是对自己进行深入的剖析。大学生需要了解自己的兴趣、价值观、性格特点和技能优势，以及这些特质如何与职业市场中的机会相匹配。通过自我评估，他们可以更清晰地认识自己，从而更准确地找到适合自己的职业方向。

（2）探寻兴趣。对职业的热爱和兴趣是成功的关键驱动力。大学生应该积极尝试不同的活动和课程，探索自己的兴趣所在。这有助于他们发现自己在哪些领域有潜力，并激发他们对未来职业的热情和投入。

（3）确定擅长工作。在了解自己的基础上，大学生需要明确自己在哪些领域具有独特的优势和竞争力。这可以通过实习、兼职或参加项目等实践经验实现。通过这些经历，他们可以更清楚地了解自己的能力范围，从而更准确地定位自己的职业方向。

（4）明确切入起点。在确定了职业方向后，大学生需要明确自己切入社会的起点。这可能包括选择一个合适的行业、公司或职位。他们应该考虑自己的长期职业规划，以及如何在职业生涯中逐步实现自己的目标。

（5）提供辅助支持和后续支援。为了支持自己的职业发展，大学生需要制订一个全面的支持计划，包括寻求导师或职业顾问的建议、参加培训课程或学习新技能、建立职业网络等。这些措施可以为他们提供必要的资源和指导，帮助他们更好地应对职业生涯中的挑战。

（6）明确自我人生目标。在职业生涯规划的过程中，最重要的是明确自我人生目标。这不仅是对自己未来的期许和追求，也是驱动自己不断前进的动力。大学生应该认真思考自己想要什么、追求什么，并将这些目标融入到自己的职业生涯规划中。通过明确的人生目标，他们可以更好地规划自己的职业生涯，实现个人价值和成功。

职业生涯设计由审视自我、确立目标、生涯策略、生涯评估四个环节组成。

一、构建有效职业生涯设计的基石：深入自我认知与环境分析

有效的职业生涯设计建立在充分且准确的自我认知与对相关环境的深刻理解之上。对于大学生而言，对自我及环境的理解越深入，就越能够制定出更加贴合实际的职业生涯规划。

自我评估是一个全面而细致的过程，它涵盖了诸多方面：从个人的兴趣、特长、性格特征，到学识水平、技能掌握、智商与情商的评估，再到思维方式与方法的审视，甚至道德水准以及在社会中的自我定位等。每一项内容都是构成个人独特性的重要元素，也是制定职业规划时必须考虑的因素。

在进行自我评估的同时，需详细估量内外环境的优势与限制。这包括对当前行业趋势、市场需求、就业形势等外部环境的分析，以及对个人所处环境（如家庭背景、社交圈、教育资源等）的深入了解。只有充分考虑这些因素后，才能设计出既合理又可行的职业生涯发展方向。而对自己以往的经历与经验进行深入分析，是职业设计的第一步。通过分析过去的学习、实习、社会实践等经历，可以更加清晰地认识到自己的专业特长与兴趣所在，从而为自己的职业生涯设计提供更加明确的方向。

（一）明确自身优势

通过自我分析，深入了解自身，根据过去的经验选择、推断未来可能的工作方向与机会，从而彻底解决"我能干什么"的问题。自我分析一定要全面、客观、深刻，绝不回避自己的缺点和不足。

1. 学习了什么

在校期间，从专业学习中获取过哪些收益，参加过什么社会实践活动，提高和升华了哪方面知识。专业也许在未来的工作中并不起多大作用，但一定程度上决定了自身的职业方向，尽自己最大努力学好专业课程是生涯规划的前提条件之一。

2. 曾经做过什么

这里主要指自己已有的人生经历和体验。经历是个人最宝贵的财富，可以反映出一个人的素质、潜力状况，因而备受招聘组织的关注，同时是简历的亮点和重要组成部分。对应聘者来说，经历往往比知识更为重要，因为许多事情只有经历过，才可能有深刻体会。判断一个人的才能时，只有在实践中才会真正发现其长处与不足。

3. 做过的最成功的事情是什么

我们做过很多事情，但最成功的是什么？为何成功的，是偶然还是必然？

是否自己能力所为？通过对最成功事例的分析，不仅可以发现自我优越的一面，譬如坚强、果断、智慧超群，以此作为个人深层次挖掘的动力之源，形成职业规划的有力支撑，并从自己的优势出发，寻找职业方向，而且以己之长立足社会。

（二）发现自己的不足

1. 性格的弱点及其应对

性格弱点，是我们必须要勇敢正视的，我们需要努力减少它对个人生活与事业的影响。每种性格在特定的场合都有其一定的局限。例如，独立性强的人可能在团队协作时遇到障碍，难以与他人达到默契；而优柔寡断的性格可能让人在需要决策和承担责任的时刻犹豫不决，难以胜任组织管理者的角色。

建议我们主动与身边的人交流，尤其是那些与我们长期相处、对我们有深入了解的人。通过倾听他人的评价和建议，我们可以更客观地认识到自己，并据此制订出针对性的改进计划。这种自我提高的过程不仅有助于我们更好地适应社会环境，还能够促进个人成长与发展。

2. 经验与经历中的不足及其应对

每个人的成长经历都不一样，呈现出每个人在经验和经历上表现也不尽相同。要求我们以开放和坦诚的心态去接纳，积极地从中发现问题，并不断地努力改进和提高自己。通过持续的学习和积累，我们可以逐步弥补经验和经历上的欠缺，从而为自己的职业生涯和个人成长奠定更加坚实的基础。

二、有效的职业生涯规划与目标确立

在构建成功的职业生涯时，一个切实可行的目标至关重要。这样的目标能够使我们全神贯注地迈向成功。正如谚语所说："如果你不知道你要到哪儿去，那通常你哪儿也去不了。"因此，明确目标是职业生涯规划的核心，缺乏有力的目标作为驱动力，人们往往容易满足于现状，放弃追求更高的成就。

盖尔·希伊在《开拓者们》一书中，通过对多个行业的6万多人进行广泛的"人生历程调查问卷"研究发现，那些成功且对自己生活满意的人都有一个共同的特质：他们致力于实现那些看似超出自身实际能力的目标。这种对高远目标的追求，不仅使他们的生活充满意义，而且比那些缺乏长远目标驱动的人更能享受生活的美好。

在构建个人职业生涯规划的过程中，首要且核心的一步是通过深入的自我分析来明确自己的职业方向，即解决"我应选择何种职业"的关键问题。职业方向的选择直接关系到个人未来的职业发展轨迹。为了做出明智的决策，学生应遵循职业生涯规划的四项基本原则：学生应选择自己热爱的职业方向，因为热爱是持续前进的动力源泉。只有当学生对所从事的工作充满激情时，才能在面对困难和挑战时保持坚韧不拔的精神。学生应根据自身的能力和特长来选择职业方向。了解并发挥自己的优势，将使我们在职场中脱颖而出，更容易取得成功。学生应关注社会的需求和行业的趋势，选择具有发展前景的职业方向。这样做不仅可以确保学生的职业生涯具有稳定性，还能为个人的成长和发展提供更多的机会；同时应考虑自身的利益和发展空间，选择能够带来满足感和成就感的职业方向。一个有利于个人成长和实现的职业方向，将使学生个体能够在职业生涯中获得更多的满足感和成就感。

综上所述，通过自我分析明确职业方向，并遵循职业生涯规划的四项基本原则，学生能够打造出一个充满挑战和机遇的职业生涯。

三、职业生涯目标的明确与适应时代变革

在个人的职业生涯中，确定目标是对个人理想的具化和可操作化，这意味着学生需要设定一个既具有预见性又具备实现可能性的长远目标。参考马斯洛的需求层次理论，人的需求大致分为五个层次：生理需求、安全需求、社交需求、尊重需求以及自我实现需求。这些需求在学生的职业生涯中都有所体现，并影响着学生职业目标的选择。

在选择职业目标时，并没有一成不变的定式。关键在于学生需要根据自身的实际情况和优势，选择适合自身发展的职业方向。每个人的背景、兴趣、能力都不同，因此职业目标的设定应是个性化的。

随着现代科技和社会的快速进步，职业环境也在不断变化。为了保持职业竞争力，我们需要随时注意修订职业目标，确保自己的职业选择与社会的需求保持同步。这不仅需要我们保持敏锐的洞察力，及时捕捉行业动态和市场趋势，还需要我们具备适应变化的能力，不断学习新技能，更新自己的知识体系。总之，明确职业生涯目标并适应时代变革是每个人职业生涯中不可或缺的一环。通过合理设定并适时调整职业目标，我们可以更好地实现自我价值，为社会的发展贡献自己的力量。

有效的职业生涯设计需要有确实能够执行的策略，具体且可行性较强的行动方案会帮助设计者一步一步走向成功。

通常职业生涯方向的选择需要考虑以下 3 个问题：

（1）我想向哪方面发展？

（2）我能向哪方面发展？

（3）我可以向哪方面发展？

生涯策略方案实施是所有生涯设计中最艰难的步骤，因为实施意味着停止梦想而切实地开始行动。动机只有变为行动，才能接近现实目标。

职业规划成功的案例是在有明确的职业目标后，在求职过程中不断探索与总结的。当然，并不是每个人都具有远见地确定自己的目标，并有计划地不断朝这个方向努力，这点对职业发展至关重要。无论是刚踏上职业路途的年轻人，还是陷入工作困惑的中年人，现在都是进行职业规划的好时机。

四、要使职业生涯规划行之有效，就须不断地对职业生涯规划进行评估，修正生涯目标，反省策略方案

（一）职业选择与个人发展规划

在职业选择的道路上，学生需要审慎地挑选一个既对个人发展有利，又能实现自我价值的职业和单位，制定一个全面而详尽的个人发展规划。

确定一个合适的组织或企业，并思考自己在这个组织中的职位晋升路径。明确如何从初级职位逐步提升至更高级别，包括了解每个阶段所需具备的技能和经验，预测工作范围的变化趋势，考虑未来可能承担的不同职责和任务，以及这些变化对个人能力的新要求。另外，制定相应的应对策略，确保能够灵活适应并胜任新的工作挑战。竞争是职场中不可避免的一部分，我们需要提前预测可能出现的竞争情境，并思考如何与他人和谐相处、积极应对竞争。通过增强自身能力、拓展人际关系等方式，提高自己在竞争中的优势和竞争力。

（二）分阶段细化理想目标

在信息技术日新月异、社会变革迅速的今天，仅仅设定一个长远的理想目标往往显得过于笼统且不够实际。因此，为了更精准地规划个人的职业生涯和发展道路，学生应结合自身实际及社会的动态发展趋势，将长远的理想目标细化为一系列可操作的小目标。一般来说，以 5~10 年为一个规划阶段是比较合适的，这样的时间跨度既能够紧跟时代的步伐，又能够给予我们足够的灵活性去调整自我。一是根据自己的年龄来划分目标。例如，可以设定 25~30 岁为职业生涯的一个关键阶段，并明确这一阶段内需要达成的具体目标。二是根据职位、职务的阶段性变化来制定不同时期的努力方向。比如，在职业生涯的初期，可以设定在 5 年内晋升为部门经理的职位；而在接下来的 10 年里，努力

成为主管经理，并承担更多的管理职责。通过分阶段、分步骤地细化理想目标，学生能够更加清晰地看到自己的职业发展路径，并在实际的工作和学习中更有针对性地提升自我，逐步向理想目标迈进。

（三）自我肯定与成长策略

学生在对自我有了充分的认识和了解后，需要采取积极的行动来应对和克服自身存在的劣势及不足。要区分劣势是源自自身素质的问题，还是由人际关系或工作本身造成的。一旦确定了问题的根源，我们就要思考如何有效地进行自我修正和提升。修正的方式可以多种多样，如通过持续的知识学习和积累来增强自己的专业素养，或者参加专门的业务培训来提升自己的职业技能。有时候，我们甚至需要调整自己的职业方向，以更好地发挥自身的优势和潜力。

总之，自我肯定与成长策略是一个持续的过程，需要我们不断地反思、学习和实践。只有如此，我们才能在职业生涯中不断进步，实现自我价值的最大化。

为了不断完善自我，我们可以采取三大关键方法：

（1）要持续学习，在校期间针对自身的劣势和不足，精心规划学习的内容和方式。确定每天或每周的学习时间表，并按照计划持之以恒地学习。例如，如果发现自己在某学科上存在不足，可以选择阅读相关书籍或参加辅导课程。实习工作时，珍惜并利用组织提供的各种培训机会。这些培训不仅能帮助你提高职业技能，还可能为你的职业生涯开辟新的方向。此外，要善于在工作中学习，从每一次项目中吸取经验，不断积累和提升自己。

（2）读书期间，积极参与学生活动，如社团活动、志愿者服务、校园竞赛等。这些活动可以让你接触更多样化的人群，学会与不同性格和背景的人交往。在实践中多观察、多倾听、多记录，以拓宽自己的视野和增强人际交往能力。工作后不要满足于完成工作任务，而应该主动承担更多的工作挑战。在每一次实践中，都要深入思考、总结经验教训，不断提高自己的工作效率和质量。同时，要善于向同事和领导请教，学习他们的经验和技巧。

（3）寻求外部支持学会倾听并接受来自亲人、朋友和同事的建议和评价。他们的经验和教训可能会为你提供新的视角和启示。特别是关于职业选择和职业发展的建议，更应该认真考虑并作为自我认识和发展的有力支援。与这些人建立联系，他们可以在你需要帮助时提供支持和鼓励。

成功的职业生涯设计需要时刻审视内外环境的变化，并且即时调整自己的前进步伐。目标是行动的方向，它不是固定不变的，而是随着环境的变化及自我认知的提高而不断改变的。在目标面前，人永远都是主体。

第三节　职业生涯目标的评估

在职业生涯的航程中，将自己恰当地定位，并在恰当的时机做出恰当的选择，这一看似直白的原则在实践中却颇具挑战。随着职业生涯的推进，客观环境和个人的素质、技能不断演变，同时个人的主观认知也在发生变化，这些因素共同促成了个人职业需求和职业目标的动态调整。

因此，职业生涯规划中的一个核心环节是对职业目标的不断审视和调整。这一过程中，我们需要基于主客观因素进行科学的评估，根据评估结果更新我们对职业的认知并调整职业目标。这种灵活性和适应性对于个人的职业发展至关重要。

在大学阶段，尤为重要的是利用职业生涯规划这一工具，对大学生自身的性格、知识结构以及外部环境进行深入的剖析和评估。这一过程不仅有助于大学生更清晰地认识自我，还能为他们的职业选择和未来发展奠定坚实的基础。通过有效的职业生涯规划，大学生能够更有信心、更有准备的迈向职业生涯的新征程。

在职业生涯的旅途中，寻找适合自己的位置并在恰当的时机做出明智的选择。这一原则虽然听起来简单，但实际操作起来却并不容易。随着职业道路的不断延伸，客观环境和我们自身的素质、技能都会发生持续的变化。再加上个人主观认知的演变，这些因素共同促成了职业需求和目标的动态调整。

因此，职业生涯规划中不可或缺的一环是对职业目标的持续调整。我们需要基于主客观因素进行全面而细致的评估，进而根据这些评估结果来调整我们的职业认知和目标。这种灵活的适应性和前瞻性的规划对于职业生涯的长远发展至关重要。

特别在大学阶段，职业生涯规划的重要性更是不言而喻。通过有效的职业生涯规划，我们能够更深入地了解自己的性格、知识结构和外部环境，从而为未来的职业道路奠定坚实的基础。这些评估不仅能帮助我们做出更明智的职业选择，还能促进我们个人成长和职业发展。

一、大学生职业生涯规划及意义

（一）职业生涯规划与大学生职业生涯规划

职业生涯是一个人一生中所经历的职业与职位的演变，以及工作理想的逐步实现过程。而职业生涯规划是个体与组织共同协作的过程，它基于对个人职业生涯的主客观条件进行全面而深入的测定、分析和总结，进而对个人兴趣、爱好、能力和特点进行综合考量与权衡。在这个过程中，我们需要结合时代的发展趋势，依据个人的职业倾向，确立最为合适的职业发展目标，并为此制订出一套行之有效的实施计划。

大学生的职业生涯规划尤为重要。它建立在大学生自我认知的基础之上，结合个人的专业特长、知识结构以及所处的社会环境，对未来所从事的职业和所追求的职业目标进行前瞻性的规划和设计。这一规划的目的不仅在于帮助大学生根据自身条件找到一份满意的工作，实现个人的短期目标，更重要的是引导大学生深入了解自己，基于主客观条件制定出既合理又可行的职业生涯发展方向，为实现个人的长期职业理想奠定坚实的基础。

职业生涯规划是实现职业生涯目标的过程，具有可行性、适时性、适应性和连续性的特点，按照时间的长短可分为人生规划、长期职业规划、中期职业规划和短期职业规划四种类型，如表 5–1 所示。

表 5–1　职业生涯规划的类型及定义和任务

类型	定义和任务
人生规划	整体职业生涯的规划，包括从求学阶段的学业规划到退休之后的生活规划，设定整个人生的发展目标
长期职业规划	5~10 年的规划，主要设定较长远的目标
中期职业规划	一般为 2~5 年内的目标和任务
短期职业规划	2 年内的规划，主要是确定近期目标，规划近期完成的任务

（二）大学生职业生涯规划对个人成长的意义

根据舒伯的职业生涯发展理论，大学生处于职业生涯的探索阶段，正好跨越过渡期（18~22 岁）和试验承诺期（22~24 岁），在这段时期，个体能力迅速提高，职业兴趣趋于稳定，逐步形成对未来职业生涯的预期，许多大学生往往需要就自己的未来职业生涯做出关键的决策。所以，大学期间是职业生涯规划的黄金阶段，对大学生个人的未来职业走向和职业发展具有十分深远的影响。首先，大学生对自己进行职业生涯规划时，可以尽早确定自己的职业目标，选择职业发展的地域范围，把握自己的职业定位，保持平稳和正常的心态，按照自己的目标和理想有条不紊、循序渐进地努力；其次，大学生职业生涯规划有助于全面提高大学生的综合素质，能让大学生在职业探索和发展中少走弯路，能够对大学生起到内在的激励作用，迫使他们产生学习、实践的动力，增强个人实力；最后，大学生职业生涯规划可以增强个人发展的目的性和计划性，提高大学生应对竞争的能力，提升职业成功的机会。

二、大学生职业生涯规划的评估

（一）评估的界定

在大学生职业规划的过程中，评估是至关重要的一环。评估是用一套客观、特定的方法或步骤去测度一个人的发展状况或情绪行为表现。它不仅是职业规划的基础，也是获得准确职业目标的前提条件。只有通过全面而深刻的自我评估，大学生才能对自己的兴趣、个性、能力、特长、身体状况、学识水平、思维方式、价值观、情商、潜能以及社会资源有清晰的认识，从而为选择何种职业、在何地发展以及确定具体的职业目标提供坚实的依据，做好职业目标的考核、修改和调整，重新制定适合自身发展的职业目标，确保可行性，才能完成职业目标的实现。对于每个职业人，在职业生涯过程中，要时刻注意职业生涯发展中反馈和评估，要根据主客观情况的变化不断地进行自我评估与修订。在评估调整过程中，要学会运用科学、系统的方法和手段实现自我认识。自我评估是个体选择和规划职业生涯的第一步，理性客观的自我评估结果，决定着个体职业生涯发展的质量。

（二）大学生职业生涯评估的分类与个性化策略

根据大学生个体的偏好与需求，职业生涯评估大致划分为简单评估与综合评估两种模式。简单评估通常聚焦于业绩指标的直接反馈，侧重于检验职业规划的实际执行效果与既定目标的契合度。而综合评估更为全面，它涵盖了多样化的评估指标，包括但不限于能力成长、职业兴趣匹配度、工作满意度等，需要预设明确的评估时间节点，以确保评估过程的系统性和连续性。

在构建评估机制时，这一过程充满了个性化色彩，每位大学生都可以根据自己的职业规划目标、任务理解以及个人特点，量身定制评估指标。尽管评估方式各异，但总体上仍存在一些普遍受重视的评估维度，如职业进展速度、技能提升程度及职业满意度等。

为提升评估的客观性与准确性，建议采用多元化的评估方法相结合的策略。这包括但不限于：自我评估与他人评估相结合，自我评估帮助个体深入反思自身表现，而他人评估（如导师、同事或朋友的反馈）能提供更为客观、全面的视角；结果评估与过程评估并重，结果评估关注最终成果，而过程评估则强调过程中的努力、挑战与成长，两者结合能更全面地反映职业生涯发展状况；外部评估与内部评估互补，外部评估（如行业标准、市场需求等）为职业规划提供宏观视角，内部评估（如个人价值观、兴趣匹配度）强调个体内心的真实感受与需求；定量评估与定性评估融合，定量评估通过具体数据量化表现，如业绩指标、学习时间等，定性评估则运用描述性语言评价表现，如能力成长的质量、工作态度的转变等。两者融合，既能保证评估的精确性，又能捕捉到难以量化的细节与变化。

（三）大学生职业生涯评估遵循的原则

在大学生进行职业生涯评估的旅程中，确保评估过程既科学又有效，需牢牢把握绩效评估、价值评估与风险评估这三大总体指导原则。而具体到个体的自我评估环节，需在"全面性原则、适度性原则、客观性原则、发展性原则"这四大基石上构建评估框架，以确保评估结果的全面性、合理性、真实性及前瞻性。

三、评估对大学生职业生涯规划的作用

（一）帮助修订和调整职业发展的目标

在职业生涯规划的浩瀚征途中，评估作为基石，不仅是确立准确职业目标的先决条件，更是个人职业发展蓝图绘制的关键环节。它要求个体深入剖析自我，实现对兴趣、个性、能力、特长、身体状况、学识水平、思维方式、价值观、情商、潜能乃至社会资源的全面认知。这一过程对于大学生而言尤为重要，它不仅关乎未来职业道路的选择，更是个人潜能发掘与职业成功的起点。

（二）促进大学生抓住重点，努力工作以实现职业规划

自我评估是大学生职业生涯规划的起点。通过对自身的性格、兴趣、能力、价值观等方面的深入分析，大学生可以更清晰地认识自己，明确自己的优势和不足。这一过程不仅帮助大学生建立起自信心，也为他们后续的职业发展奠定了坚实的基础。

在自我评估的基础上，大学生需要明确自己的职业目标。这一目标应该基于自己的兴趣、能力和市场需求，并具备可实现性和挑战性。明确的职业目标能够为大学生提供明确的努力方向，激发他们的动力，使他们更加专注于自己的职业规划。

制订计划是实现职业目标的关键步骤。大学生需要根据自己的职业目标，

制定详细的行动计划，包括学习、实践、社交等方面的安排。通过计划的制订和执行，大学生可以更加有条理地推进自己的职业规划，确保每一步都走在正确的道路上。

每个人都有潜在的能力和天赋，但往往由于各种原因而未能得到充分的发挥。大学生需要通过不断的学习和实践，发掘自己的潜能，并将其转化为实际的职业能力。这不仅能够提升大学生的竞争力，也有助于他们实现更高的职业目标。

行业发展对个人的职业发展具有重要影响。大学生需要密切关注行业动态，了解行业的发展趋势、市场需求和竞争态势等信息。通过掌握行业信息，大学生可以更加准确地把握职业发展的方向，为自己的职业规划提供更加有力的支持。

在竞争激烈的职场中，大学生需要不断提升自己的竞争力。这包括提高专业技能、拓展人际关系、增强团队协作能力等方面。通过不断的努力和实践，大学生可以逐渐提升自己的竞争力，为自己在职场中取得更好的成绩打下坚实的基础。

通过自我评估、明确职业目标、制订计划、发掘潜能、掌握行业信息和增强竞争力等一系列步骤的推进，大学生可以逐渐实现自己的职业规划。在实现职业规划的过程中，大学生需要保持积极的心态和持续的努力，不断克服困难和挑战，最终实现自己的职业目标。

职业规划是一个持续的过程，需要大学生不断地进行自我评估和调整。在职业规划的过程中，大学生需要关注自己的成长和变化，以及外界环境的变化。当发现自身或外界环境发生较大变化时，大学生需要及时调整自己的职业规划，确保自己的职业发展始终保持在正确的轨道上。通过持续的自我评估和调整，大学生可以不断地完善自己的职业规划，实现更加美好的未来。

（三）充分自我认知，不断激发职业潜能

评估，作为职业生涯规划中的一个持续过程，是大学生不断自我认知的关键环节。它使大学生能够随着年龄的增长、阅历的丰富以及性格、兴趣和爱好的变化而更加全面地了解自己。这种深入的自我认知有助于大学生对职业发展路径有更为清晰的认识。同时，人的潜能犹如沉睡的宝藏，需要外界不断的刺激和自身努力地去挖掘。评估正是一个发现自身优势和劣势的过程，在不断的认知刺激下，个人的潜能才能逐渐地被唤醒和激发。

因此，大学生应进行多阶段、持续性的职业生涯规划评估。这样做能够帮助他们明确不同时期的发展目标和方向，清晰地认识到自己需要进一步完善的知识、专业技能和能力。通过不断的努力，激发内在的潜能，进而推动个人职业能力的快速成长，提高大学生个人职业生涯规划成功的概率。

四、结语

通过精心规划自己的职业生涯，大学生可以有效解决职业道路上的四个关键问题：定向、定点、定位和定心。这一规划过程不仅帮助大学生提前明确所需的综合素质，也为他们未来的职业发展指明了方向。然而，在实施职业生涯规划的过程中，无论是社会环境、组织环境，还是个人的价值观、能力、兴趣，都可能会经历频繁的变化，其中许多变化更是难以事先预测。为了应对这些不可预测的变化，大学生需要不断地进行自我评估、生涯环境评估和机会评估。

评估过程至关重要，它帮助大学生不断审视自己，调整职业方向和目标，确保自己的职业生涯规划与社会需求和个人发展保持同步。通过不断修订生涯规划的目标，大学生可以更加稳健地迈向职业成功的道路。

▶第六章 大学生职业生涯与发展规划的机制研究

第一节 大学生职业生涯与发展规划的定性与定位

一、大学生职业生涯与发展规划的概念解析

职业生涯规划作为个体发展的重点活动，需要个体对自身的利益、能力、价值观及职业目标等方面做出深刻的反思与谋划。这一过程具有动态性，并随个人成长与外部环境变化不断进行着调整。个体通过自我认知来认识自身的长处与利益，并在此基础上探索职业的可能路径。在职业探索阶段中，个体将收集关于不同专业的资料，并对这些专业与其目标之间匹配程度进行评价。

目标设定作为职业生涯规划的核心环节，需要个体依据自身职业兴趣与能力制定具体且可以达到的目标。这些建议的目标不只是短期内的职业成长目标，还涵盖了长远的职业展望。行动计划是一个将目标具体化为行动步骤的过程，每个人都需要制订详尽的计划，包括必要的教育、培训、工作经验等，以实现这些目标。个体要经常反思、评价职业发展情况，审视是否按照计划、是否要调整目标、是否要有新作为。这一自我反思与评价有利于个体适时调整职业路径以保证职业生涯顺利进行。

职业生涯规划内涵涉及个体对职业发展不断地关注与投资，职业生涯规划不只是一次性活动，也是一个连续的过程，要求个体不断学习新知识，获得新技能和适应职业市场的变化。通过高效的职业生涯规划使个体能够较好地完成职业目标、提高职业满意度、改善生活。

在当代教育体系中，大学生职业生涯与发展规划是针对大学生未来职业发展的系统设计与规划。它不仅是教育管理领域的一项重要工作，也是大学生个

人发展中的关键环节。它涉及大学生自我认知、目标设定、学业规划、技能提升以及就业创业等方面，其目标是帮助大学生在学业与职业生涯中取得最佳成效。

二、职业生涯规划的目标与价值

职业生涯规划目标是引导个体在既定职业道路上稳步向前发展，使个体职业梦想和社会需求有效衔接。这一进程的核心是帮助个体清晰地认识职业愿景、制订可行的行动计划、在执行中进行调整与优化以应对职业环境的改变。通过职业生涯规划可以使个体对职业兴趣、职业能力和职业价值观有比较明确的了解，进而作出比较明智的职业选择。这一自我认知的增强有利于个体在职业发展过程中做出更加符合自身期望与市场需求的决定。与此同时，清晰的职业目标还能给个体以源源不断的力量，激发他们继续奋斗和自我超越的精神。职业生涯规划的价值不仅表现在个体层面上，而且对社会发展也产生了深远影响。个体通过职业生涯规划可以更好地满足社会经济发展需要，增强职业竞争力。这样既有利于个体获得职业满意度，提高个体成就，又能为社会造就更多的高素质人才，从而推动社会整体进步。

三、大学生职业生涯与发展规划的重要性

（一）自我认知的培养

自我认知涵盖了个体对自己兴趣，能力以及价值观等方面的深层次认知，是确定个体内在驱动力与职业倾向的关键。通过心理测试，职业兴趣调查，让大学生树立自我评估与自我提升意识，帮助大学生制定更加符合预期的职业决策，提高职业满意度与个人幸福感。

高等教育阶段，大学生可在职业规划讲座、工作坊及与职业指导专家沟通等活动中进一步深化理解。这些活动既给大学生搭建了寻求不同职业路径的舞台，也有助于大学生在更为宽广的社会背景下考察职业兴趣与职业能力。参加实习、志愿服务及其他实践活动，是培养大学生自我认知的关键环节。这些活动让大学生有机会把理论知识运用于实践，进而进一步认识职业偏好。

发展自我认知，有助于大学生面对职业选择时进行更理性、更综合的思考。他们不只是关注职业可能带来的经济利益，还会深入思考这个职业能否满足他们的个人价值观和生活愿景。这一注重个人发展的职业生涯规划有利于大学生达到个人和事业的协调统一和全面发展。对大学生进行系统的自我认知培

养，可以使其对职业生涯有一个较好的规划，使个人价值与社会需求得到有效衔接。

大学时期，大学生通过课程学习、学术研究以及社团活动等方式获得了发现自身潜力与激情的机会。这些体验在充实其大学生活的同时，也给其职业生涯规划带来了有价值的资料。大学生可通过上述活动逐步建构职业理想和对职业理想做出具体行动方案。

（二）职业意识的启蒙

对大学生进行职业意识启蒙，是非常关键的一步。帮助大学生事先考虑并计划好事业，以便将来在职场竞争时处于有利地位。启蒙不只是对不同专业的基本认识，而是对这些专业背后深层次意义的认识，其中包括需要具备的能力、可能遇到的困难和专业发展的潜能。

大学时期参与职业介绍会，行业分析研讨会及职业规划讲座等活动，使学生对各类职业路径有了更加深入的认识。这些活动不仅给业界带来真知灼见，而且有助于学生确定自己的职业兴趣与目标。学生与行业专家交流可以获取一手职业信息，对其做出明智职业选择非常重要。

职业意识的培养，也关系职业规划的深刻认识。学生应该意识到职业规划需要个体对职业目标不断做出评价，并且随着市场变化以及个人成长做出相应调整。通过职业规划使学生能够更加有针对性地选课，参加实习和积累工作经验等，为达到职业目标奠定坚实的基础。

（三）目标设定与规划能力

对大学生而言，清楚地了解职业兴趣与职业愿景非常重要。通过制定具体而又能达到的职业目标能够更加有针对性地做好学业与职业准备。目标既涵盖短期学业成就，又涵盖长远职业愿景。要按个人所定目标制定出周密的程序与时间表。其中包括挑选适当课程，参加有关实习机会，以及获得所需职业资格认证。拟订行动计划需考虑到个人利益、能力和市场需求，以保证每个步骤均朝既定目标进行。

进行职业规划时，自我评估、自我调整等能力至关重要。定期检讨你的职业目标及行动计划、评估进度及因应现实而做出调整是维持职业发展灵活性及适应性的关键。这种自我管理能力，有利于在职业发展进程中，及时迎接种种挑战与变革。通过参与职业规划讲座，行业研讨会及职业发展工作坊等活动，我们能得到更多的职业信息及意见，开阔职业视野。这类活动也为同行及专业人士提供沟通机会，帮助他们深入了解职业市场及发展动向。

（四）决策能力的增强

进行职业生涯规划教育和培养决策能力，是帮助学生在复杂多变的职业环境中做出明智选择的关键。教育者可以通过提供决策框架和手段，引导学生评价多个职业选项，理解每个选项背后潜在的影响和结果。这种教育不仅可以帮助学生找到最符合个人目标和价值观的职业路径，而且可以增强他们面对职业决策时的自信和决断力。在实际教学中，模拟决策场景可以说是一种有效的教学方法。通过模拟真实世界中可能遇到的各种职业选择情境，学生可以在安全的环境中练习决策技能，体验不同决策的后果。案例分析是促进决策能力培养的重要手段，通过研究他人的职业选择和结果，让学生在繁杂的信息中做出理性的判断。

在决策技能的培训中，更多地强调了技能在实际操作中的应用。学生可以通过参与角色扮演、团队讨论及决策模拟游戏等方式，在实践的过程中学会取舍不同的因素及管理不确定性与风险的方法。这些培训帮助学生更从容地面对真实世界的职业选择并提高其决策的效率与成效。学生在加强决策能力时，还要学习怎样收集与分析信息，以及怎样发现与评价各类职业机会。这需要其有较好的信息素养，能通过各种渠道获得有关信息，能对其可靠性、相关性进行批判性分析。

（五）适应能力的提升

在职业环境急剧变化的今天，发展适应能力对于大学生来说显得尤为重要。职业生涯规划教育以提高学生的学习灵活性和适应性为主要目标，使他们能够在职业转换或行业变动时迅速调整策略和行动计划。这种能力的提升不仅有助于学生在职场中保持竞争力，还可以使他们更好地应对未来事业上的挑战。

通过实习、志愿服务和参与学术项目，学生可以获得宝贵的工作经验，并了解不同专业的工作模式和需要。这些经验有助于学生在实际工作中更好地适应变化，提高职业适应性。在多元化的学术环境中，学生能够接触到来自不同领域的知识和技能，这对他们跨学科思维模式建构是有帮助的。这种思维模式使他们在面对复杂问题时能够从多个角度进行分析和解决，增强了他们对不同职业环境的适应能力。

全球化语境中跨文化交流日益频繁。掌握跨文化沟通技巧可以帮助学生加深对多元文化背景下他人的了解，并建立起有效交流与合作。这一沟通能力是国际职场成功的关键。学生接受职业生涯规划教育后，会学会如何制定职业目标，制订行动计划以及随着职业市场变化而做出相应的调整。这种自我管理能力决定了其能积极顺应职业环境变化而非被动接受改变。

（六）终身学习的理念

在知识更新换代越来越快的今天，终身学习已经成为个人职业发展中必不可少的部分。职业生涯规划教育注重持续学习，激励学生终身持续地学习与成长。这种学习并不局限于大学时期的学术知识，而是在毕业后对于新技能、新知识不断地追求。通过多种在线课程、夜校、周末班等，学生可以在下班后不断提高知识与技能。这些教育机会在帮助个人实现职业成长的同时，还能为社会培养更多的高素质人才。专业培训课程一般都是为某一行业或者某一专业提供深入的学习机会。通过这些训练，学员能够获得行业的最新知识与技能，增强职场竞争力。学术交流既开阔了学生眼界，又启发了学生创新思维。学生可通过参与学术会议、研讨会及工作坊等活动，与各领域专家及同仁进行沟通，并获得最新学术及行业资讯。

四、大学生职业生涯与发展规划的定位

对大学生职业生涯及发展规划进行定位，涉及个人目标、市场需求、社会发展趋势等多维度的进程。个人的职业目标作为职业定位的初始点，需要依据个人的兴趣、技能和价值观来确定具体的职业路径，这包括短期目标和长期目标的设定。市场需求是一个不容忽视的要素，了解行业需求及职业发展趋势，并通过市场调研、职业咨询等方式把握行业动态、预测职业发展趋势、做出与市场需求相适应的职业选择。社会发展趋势会对职业生涯和发展规划定位产生影响，新职业层出不穷，而传统职业可能会逐步消失，因此有必要对社会发展趋势加以重视，了解社会人才需求的变化情况，并进行职业规划调整以适应社会发展。

教育背景及专业技能给学生带来不一样的职业发展机遇，我们要结合自身教育背景及专业技能选择与其匹配的职业路径。个人发展与成长也是如此，在进行职业生涯及发展规划时，应充分考虑个人成长与职业发展的相互关系，并通过对新知、新技的持续学习来促进综合素质的提高，从而为职业生涯发展奠定扎实的基础。大学生职业生涯及发展规划定位是一个动态过程，伴随着个人成长、市场变化以及社会发展，必须对职业规划进行不断调整优化，以达成个人职业目标及愿景。经过不断的努力与探索，寻找到一条合适的职业发展之路，将个人价值与社会需求有效地联系在一起。

第二节 大学生职业生涯与发展规划的
指标体系及权重的确定

一、指标体系的构建

（一）自我认知指标

自我认知指标要求个体深入认识自己的兴趣所在、性格特点、能力水平和价值观念，在职业选择和发展规划中共同发挥作用。通过心理测试、职业兴趣调查、个人反思等方式，使个体能够对自己的优势和可能走的职业道路有更清晰的认识。心理测试是一种有助于个体判断自己性格类型和行为倾向的科学方法。职业兴趣调查主要是通过分发调查问卷的形式，以深入了解个体在各个职业领域的兴趣程度，从而为他们未来的职业生涯选择提供有益的建议和方向。个人反思是比较主观的做法，个体通过日记、自我对话或者参加小组讨论等形式对职业愿景与目标进行深度思考。

这些自我认知指标评价结果不仅可以帮助个体制定出与预期更为一致的职业决策，而且可以提高职业满意度与个体幸福感。高等教育阶段，大学生通过课程学习，学术研究以及社团活动等方式获得了发现自身潜力与激情的机会，而这些体验也为职业生涯规划的制定提供了有价值的资料。伴随着社会经济的飞速发展，职业市场发生着变革。大学生要有灵活适应多种职业环境的本领，需要从大学时期开始进行有关技能与品质的训练。大学生通过参加各类职业发展活动，能够预先认识并适应今后职业挑战，从而为成功步入职场做准备。

（二）学业指标

大学生学术领域所取得的成绩与进步，是职业生涯规划的重点内容。专业选择对未来职业方向及发展潜力有直接的影响，而选择适合个人兴趣及市场需求的职业非常关键。课程学习让学生掌握了专业知识并发展批判性思维，解决问题能力和团队合作精神等对今后职业发展具有重要意义。学术研究使学生有机会对专业知识与技能进行深入探究，而参加学术项目与研究可以强化其学术背景，提升其研究与创新能力。

学业规划涉及学术资源使用问题，图书馆、在线数据库、学术讲座与研讨会等均为珍贵学术资源。有效地运用这些资源有助于学生知识面的拓展和学术水平的提高。学术能力的发展在学业指标上同样不容忽视，主要表现在写作能力、表达能力、分析能力以及批判性思维能力等方面。这些才能不仅对学术研究非常重要，而且在职场中更是一项必不可少的本领。评价学业指标不仅要注意学生学术成绩的高低，更要注意学生如何使用学术资源，如何发展学术能力，如何在学术领域有所进步等。大学生通过综合学业规划与评价，可以为其职业生涯发展打下扎实的学术基础。

（三）职业技能指标

职业技能指标需要学生具备所学专业的有关知识及技能，实习经验使学生有机会把理论知识运用到实践中，提高职业适应性及实际操作能力。职业资格证书不仅展示了学生在特定专业领域内的专业技能和能力，还增强了其在就业市场上的竞争优势。实习成绩是考核的一个重要方面，从实习单位反馈与考核中，可了解到学生在实践中的成绩与能力。系统化的课程设计和实际操作、职业培训，旨在提升学生在专业技术和职业修养方面的表现。资格证书可以证明学生某一方面专业水平。为促进职业技能指标的提高，大学生要积极参加各种实习、培训项目。通过积累实际工作经验，使其更能了解职业要求并预先适应职场环境。与此同时，取得相关职业资格证书是提高职业技能重要途径。这些证书既能证明学生专业能力又能提高其求职竞争力。他们可以通过参与多种实践活动，如学术比赛、志愿服务、学生社团等锻炼自己的组织协调能力、团队合作能力和领导能力。这些能力对今后职业发展同样重要。

（四）就业创业指标

就业创业指标作为大学生职业生涯规划的一项重要内容，与入学生今后职业道路选择与实现有直接联系。选择就业方向需综合考虑个人兴趣、专业背景和市场需求等因素，以保证所选的职业道路不仅与个人职业愿景相一致，而且能够在就业市场上找准自己的定位。创业前的准备工作涵盖创业项目的设计、市场研究、资金的筹备以及团队的组建等环节，这些都是确保创业成功的核心环节。职业发展规划需要大学生既要考虑目前就业机会又要为今后职业发展做出长远规划，包括制定职业路径、规划技能提升、职业转换准备等。通过清晰的职业发展规划，使大学生能够更加有的放矢地做好职业准备与发展。

在评价就业创业指标时需深入研究就业市场，了解各产业发展趋势及就业前景。与此同时，创业项目在策划时还需建立在精准掌握市场需求与有效整合创业资源基础之上。在制定职业发展策略时，必须权衡个人的职业目标与市场机遇之间的匹配度，从而制定出实际可操作的职业发展方案。为达到就业创业的目的，大学生要积极参加职业规划讲座、行业研讨会、职业发展工作坊等与职业发展有关的各种活动。这些活动既可以为行业信息、职业发展建言献策，也可以增加同行、专业人士之间的沟通。大学生可通过这些活动更深入地了解职业市场和增强职业竞争力。

二、权重的确定

（一）权重分配原则

权重分配作为职业生涯规划评价体系的关键环节，直接关系到评价结果是否准确、实用。权重的分配以公平性为首要原则，以保证评价体系内各项指标能够被合理重视与考虑。这决定了在进行评估时，不能因主观偏好过多地强调和忽视指标。权重的分配要以各项指标和职业发展目标之间的相关性为基础，对与职业发展密切相关的指标要给予较高权重。这能够保证评价结果更接近现实职业发展需要。

动态性要求权重分配能与个体发展阶段和社会环境变化相适应，随个人职业发展阶段不同，部分指标重要程度可能发生变化，权重分配要随之调整。与此同时，社会环境变化会对指标重要程度产生影响，权重分配需灵活调整才能与之相适应。权重分配过程及基础需公开透明，使各有关方能够了解并接受评价结果。透明的权重分配有利于提升评价体系公信力和评价结果接受度。

实际工作中，权重的分配可采用专家咨询法、数据分析法和德尔菲法。专家咨询法可运用专家经验与知识确定权重，数据分析法可采用统计分析确定权重，德尔菲法通过使用多轮咨询与反馈达成共识。无论采取何种方式，均需保证权重分配科学、合理，才能增强评价体系的有效性。

（二）权重分配方法

权重分配方法如表 6-1 所示。

表 6-1　权重分配方法

权重分配原则	描述
公平性	权重分配必须确保评价体系中所有指标得到均衡考量，避免任何单一指标因主观偏好而被不公正地强调或忽视
相关性	权重应依据各指标与职业发展目标的密切程度进行分配，对于职业发展影响较大的指标应给予更多重视

权重分配原则	描述
动态性	权重分配应具备灵活性，能够根据个人职业发展阶段的变化和社会环境的演进进行适时调整
透明性	权重分配的过程和决策依据应当公开透明，确保所有利益相关者能够清晰理解评价体系的构建和运作方式

（三）权重分配实施

权重分配实施如表 6-2 所示。

表 6-2　权重分配实施

步骤	详细描述
确定评价指标	①详细描述了评价体系的全部可能指标，其中包括自我认知、学业成就、职业技能和就业创业 ②分析每项指标在职业生涯规划中的具体作用及重要程度，保证不出现疏漏
选择分配方法	①依据评价目标及可用资源选取最适宜的权重分配方法 ②可能采用的方法主要有专家咨询法、数据分析法、德尔菲法和层次分析法等，这些方法各有具体的优点及适用场景 ③考虑到了该办法的可行性，成本效益以及需要的时间
进行权重分配	①根据所选择的策略，为每一项指标分配相应的权重，确保这些权重真实地体现了每个指标的实际价值 ②权重分配要建立在足够的资料与分析基础之上，切忌主观臆断 ③综合考虑指标之间相互联系与影响，保证权重分配均衡与系统
验证和调整	①详细核查权重分配的结果，查看有无计算错误或者逻辑上的不统 ②采用模拟评价或者预测试等方法对权重分配实际效果进行了评价 ③基于验证结果及相关利益方反馈信息，在权重分配上做了必要调整，以提高评价体系准确性与公正性 ④保证调整权重分配更能体现评价目标与实际需要

（四）权重分配结果

权重分配结果如表 6-3 所示。

表 6-3　权重分配结果

步骤	详细描述
明确具体	各指标所占权重要用百分比的方式清晰表达，以保证各评价者对各指标在总体评价中所占具体比例有清晰的认识。如自我认知指标可能占总权重的 20%，职业技能指标可能占总权重的 30%。权重具体取值要直接体现在评价工具及评价指南上，使评价者能在实践中准确运用
合理平衡	在进行权重分配时，应确保所有指标的总和达到 100%，并确保每个指标的权重与其在职业生涯规划中的实际重要性是一致的。如果在某一专业的职业成长过程中，学业表现显得尤为关键，那么可能需要给予更高的评价和重视。同时，需避免任一单一指标权重过大，以免评价结果过分强调某方面
适应性强	权重分配结果能满足不同学生群体特点及不同职业发展阶段对人才的要求。这决定了不同科目、年级乃至职业兴趣学生之间可能要进行权重分配。比如，对理工科学生来说，也许有必要提高职业技能指标所占的比重；对文科学生而言，自我认知与学业成就指标或许有必要加以考量
透明公开	权重分配过程及结果要公开透明，有关各方均可知晓权重分配依据及方式。这一透明度促进了评价体系公信力的提高，保证了各参与主体对评价结果的明确了解与认可

（五）权重分配应用

权重分配的运用需要考虑评价活动科学性、公正性得到保证，评价结果准确与否直接受到影响。权重分配结果对评价活动执行具有直接的指导作用，使各项指标在评估过程中受到应有的重视。这一科学、合理的权重设置有利于促进评估的准确进行，使评估结果更能体现学生职业生涯规划的绩效。通过权重分配使学生对职业生涯规划的利弊有更加明确的认识。这样可以帮助其确定职业发展中的重点领域，以便有的放矢地加以完善与提高。权重分配的使用，不仅有助于学生对职业选择做出更加英明的决定，而且有利于个人的职业成长。学生可以依据权重分配结果对职业生涯进行更加有的放矢的准备与规划，以达到个人职业目标。

三、实施策略

（一）明确评价目标和原则

构建评价体系应明确评价目标和原则，评价目标需要紧紧围绕大学生职业生涯规划来展开，目的是推动个体走职业道路，并提升自身的职场竞争力和满意度。考核的基本原则是保证整个考核过程的公正和透明，使考核结果能真实呈现每个学生职业成长状况。公平性原则要求评价体系对所有学生一视同仁，确保每个学生的努力和成就都能得到公正的评价。透明性原则强调评估的标准与过程必须透明化，使学生与教师能够清楚把握评估所遵循的规范与使用的方式。可操作性原则强调评价体系应易于理解和实施，避免复杂化，确保各环节顺利实施。

在评价体系的执行过程中贯穿着上述的目标与原则，既引导着评估的制定与执行，又影响着评估结果的运用与反馈。该评价体系通过确定目标与原则，可以更加有效地为大学生职业生涯规划提供支撑，有助于大学生个人职业发展目标的达成。与此同时，还需对评价体系执行情况进行定期评估及调整，从而保证评价体系始终符合教育目标及学生需求。评价结果要及时向学生反馈，以帮助学生认识到自身职业生涯规划的长处与短处，并据此进行调整。另外，评价结果还应支持教育决策，有利于教育者优化课程设置与教学方法以更好地适应学生职业发展需要。

（二）设计评价工具和方法

设计评价工具与方法的关键是保证能对大学生职业生涯规划有关资料进行全面、深入的收集与分析。问卷调查这一常用工具可以高效收集到学生自我认知，职业兴趣以及学业成就的海量数据。问卷设计要注意题目的相关性与可操作性，以保证学生能轻松地理解与解答。面试为评价者提供了更为深入的认识平台，通过面对面的互动，他们能够更加细致地讨论学生的职业技巧、实习经历以及未来的职业规划。采访的灵活性使评价者能够在学生回答的基础上深入提问并获得更为丰富的内容。

观察记录是对学生课堂参与度、团队合作能力和实际操作技能等进行评估的一种重要手段。评价者通过系统观察，可以更直观地了解学生在实际情境中的表现。评价方法的选择应以定量和定性分析为主。统计分析这种定量方法可以为评价者了解学生在不同指标上的表现提供客观的数据支持。而案例研究和文本分析这些定性方法能从动机、态度和价值观上揭示更深层次的学生信息。

在执行评价的过程中，评价者必须确保评价工具和方法的统一性和标准化，这样才能提高评价结果的可靠性。同时，评价过程中要注重对学生隐私的保护，确保收集的所有数据都符合伦理和法律要求。此外，评估工具和方法的设计应该考虑实施的可行性，其中主要包括时间、成本和资源的可获得性。设计评价活动时应尽可能少干扰学生平时的学习、生活和其他活动，确保评价过程的顺利开展。

（三）制定评价流程和时间表

评价流程的设计需要确保各环节间的有序衔接，从而使得整个评价活动能够高效顺利地进行。评价流程需要先收集数据，其中确保需要的信息和数据都能被准确和完整地收集。这些记录包括学生的自我报告、教师的观察记录以及关于学业和职业成就等。数据分析作为评价流程中至关重要的环节，要求评价者对收集到的数据进行深入剖析，以揭示学生职业生涯规划的方方面面。该阶段可以包括统计分析、趋势识别、模式发现。结果反馈是评价流程中必不可少的一部分，要求评价者将分析结果及时、准确地传达给学生，帮助他们了解自己在职业生涯规划中的优势和劣势。

结果应用作为评价流程中的最后一个环节，需要评价者利用评价结果进行教育决策与个人发展指导。这一阶段要求评价者依据评价结果向学生提出具体意见并加以引导，以协助其制订更为有效的职业发展计划。同时，评价的结果还应作为教育者的回馈，以帮助教育者优化课程设置与教学方法。拟订时间表时，需考虑到复杂的评价活动及所需资源。时间表要清楚每一步的起止时间，以保证评价活动能有条不紊地开展下去。比如，数据收集大概要到学期开始才能有充分的时间收集到全面的资料。数据分析有可能要求数据收集后马上启动，以便保证结果能及时地反馈到学生的手中。为了让学生能够根据收到的反馈来适时地调整他们的职业成长路径，可能需要在学期的中段或者学期的最后阶段进行结果的反馈和应用。

（四）确保评价结果的反馈和应用

评价结果反馈的结果需及时转达给学生，使其了解自身职业生涯规划的绩效，并根据这些绩效进行调整。反馈要具体清晰，指明学生自我认知、学业成就、职业技能及就业创业情况，包括其优势及有待提高之处。教育者可依据评价结果获知学生的需要与期待，以优化课程内容与教学方法。如评价结果表明学生某职业技能领域成绩不理想，教育者可能考虑增设有关课程或者给予更多咨询。

在评价结果的反馈与应用中，对学生隐私的保护与对学生情感的尊重是关键。传递评价结果要采取建设性、支持性态度，以免对学生造成不必要的紧张。教育者应公开、坦诚地与学生交谈，探讨评价结果的重要性，共同拟定改进计划。教育决策者应运用这些成果对教育政策进行评价并加以完善，以保证教育体系能更好地适应学生职业发展需要。这一反思与完善过程有利于教育质量的提高与教育体系不断发展。

（五）建立持续改进机制

职业生涯规划是个发展与变革的过程，所以，评价体系也要有相应的灵活性与适应性。为了实现这一点，建立持续改进机制显得尤为重要。这一机制需要教育者和评价者持续审查并更新评价体系，确保评价符合学生职业发展需要。教育者需多渠道收集学生、教师、行业专家、校友的反馈。这些反馈有助于教育者理解评价体系在实践中所取得的成效，并确定问题与缺陷。如学生对一些评价标准的不明确或评价方法的不公平等方面的反馈对评价体系的完善是必不可少的。教育者对评价数据进行深入分析，能够找出学生职业生涯规划的优势与不足。这些分析结果可为课程设置、教学方法、职业指导等方面的研究奠定基础。比如，当分析表明学生职业技能成绩较差时，教育者就可能考虑增加有关实习机会或者职业培训课程。

第三节　大学生职业生涯与 发展规划评价体系的构建

一、评价的原则与目标

（一）评价原则

1. 全面性

全面性原则决定了该评价体系应广泛涵盖大学生职业生涯规划各方面内容，以保证评价结果能完整地体现学生职业成长历程的整体面貌。这不只是关于学生在学术领域的表现，如他们对专业知识的掌握和学术研究的能力，还涉及他们的个人爱好、性格特质、能力偏好和价值观。进行全面性评价，能够更加精准地确定学生职业发展的优势与潜在方向，有利于其做出更加符合自身特色的职业选择。另外，全面性要求评价体系要能体现学生不同职业发展阶段对学生的要求与改变，并对学生职业生涯进行不断地引导与支持。

2. 客观性

客观性原则强调评价体系一定要以客观数据与事实为依据，切忌主观偏见影响评价结果。这决定了在评估过程中应该采用标准化评估工具与方法保证评估标准的一致性与公正性。客观性需要评价者掌握专业知识与技能，能多角度、多层次地分析判断学生职业发展情况。进行客观评价，能够更加精准地确定学生职业发展的长处与短处，从而对学生进行更加具有针对性的引导与扶持。另外，客观性有利于增强评价结果的可信度与有效性，使评价结果为教育决策及学生个人发展等提供可靠依据。贯彻客观性原则，有利于建构公正、透明、科学的评价体系以推动大学生职业生涯规划良性发展。

3. 发展性

发展性原则在评价体系中占有举足轻重的地位，强调评价过程不仅需要关注学生目前的职业发展状况，更应着眼于他们的长期职业成长和发展。这一原则促使学生在职业环境瞬息万变的情况下继续学习和提高自己。通过发展性评价可以使学生确定长期职业目标和制定实现目标的战略。评价体系要为学生职业生涯各阶段获得合适的引导与资源提供支撑，助力其职业道路不断前进。这一评估既帮助学生达成个人职业目标，又促使其作为终身学习者迎接今后职业挑战。

4. 参与性

参与性原则决定了评价体系必须能促使学生主动参与并在评价过程中发挥主体作用。这一参与并不局限于自我评价，还涉及同伴评价等互动评价。通过参与性评价，可以使学生更加深刻地认识到自身的长处与有待提高之处，还可以得到同伴有价值的回馈与支持。该评价方式有利于发展学生自我反思能力、强化其批判性思维、提高问题解决能力。参与性评价也有利于构建支持性学习环境，在这种环境中，学生间可以互相学习、互相启发，共同完成个人与集体职业发展任务。这样，评估过程本身就成为学习与成长的契机，而不只是评判与评分。

5. 透明性

透明性原则要求所有评价环节必须明确、开放，评估标准、方法、流程是否透明，对保证评估是否公正可信具有重要意义。在评价过程开放透明的情况下，包括学生、教师以及管理人员在内的各参与主体均能深刻地了解评价体系。这一透明度消除了怀疑，并提高了评估结果的信誉。透明性指评价结果反馈要及时清晰，使学生了解其职业生涯规划的优势及有待完善之处。这样，该评价体系既能起到反馈的作用，又能激发学生沿着职业发展的道路不断向前。

（二）评价目标

1. 促进自我认知

自我认知有助于学生对自身兴趣、能力、价值观、职业倾向等方面的深刻认识。通过考核，可以使学生更加明确合适的职业路径并为今后职业选择与发展规划奠定坚实基础。提升自我认知既涉及个人特质理解，也涉及职业市场认知以及未来职业发展期待。该评价体系以反馈与引导的方式帮助学生树立自我评估、自我提升意识，对其职业发展具有重要意义。这样才能使学生在学业与职业准备上更具有针对性，达成个人的职业目标与愿景。

2. 提升学业成就

评价体系以注重学生学术表现与课程学习为实现途径，激励学生获得较好的专业学习成果，有利于其学术领域扎实基础的构建，并对其职业生涯发展给予必要学术支持。通过考核，使学生能够认识到自身学术领域中的优势与不足。另外，评价体系鼓励学生对学术研究与多种项目的参与，既能丰富其学术背景又提升其研究与创新能力。

3. 增强职业技能

提升职业技巧涵盖了对专业技术的精通、实习经验的累积，以及职业资格认证的获得。职业技能对学生步入职场至关重要，而评价体系通过对他们的评价，帮助他们了解自身职业技能上的优势以及提高的空间。学生通过参加实习及工作体验可以把理论知识运用到实践中，增强其实际操作能力及职业适应性。与此同时，取得相关职业资格证书是强化职业技能的重要手段，这类证书既能证明学生专业水平，又能提高其就业市场竞争力。

4. 指导就业创业

引导、帮助同学洞察就业市场现状及发展趋势，从而能根据市场需求及个人兴趣制订职业发展计划。通过考核，学生能够确定职业兴趣与能力，然后选择合适的就业方向或者创业机会。评价体系激励学生参加实习、兼职及创业项目等实践活动，帮助学生积累有价值的工作经验以及职业技能。另外，评价结果能对学生起到一定的反馈作用，有助于学生在找工作、创建企业时认识到自身的长处与短处，以便做出更加英明的决定。

5. 促进终身学习

在知识更新迅速的今天，终身学习是个人职业发展的关键。评价体系促使学生在其整个职业生涯中能对新知识、新技能进行持续的学习，从而适应职业环境的变化。学生通过评估能够意识到持续学习的重要，并且把持续学习当作个人职业发展中不可缺少的部分。评价体系也为学员参与培训课程、搭建在线学习平台及专业研讨会提供了支持，使其专业技能及知识水平得到持续提高。这种不断学习的心态，既有利于学生目前事业的成功，又能为其长远事业发展打下基础。该评价体系以激发学生终身学习的动机来帮助学生维持竞争力、达成个人职业目标与愿景。

二、评价的内容与方法

（一）评价内容

1. 自我认知

自我认知是从评价内容开始的，涉及个体对自己的兴趣、能力和价值观等方面的深刻认识。评价体系以心理测试、职业兴趣调查及个人反思为工具与手段，有助于学生确定其内在驱动力及职业倾向。这一自我认知的发展有利于个体制定更加符合其预期的职业决策、提高职业满意度以及提升个体幸福感。在评估过程中，鼓励学生自我探索、发现潜能与激情，并为今后职业选择与发展规划奠定坚实基础。

2. 学业成就

学业成绩是以学生学术领域成长为主线，涉及专业选择、课程学习、学术研究诸多方面。这种评价体系通过考查学生的学术成绩、参与学术活动的程度以及专业知识的掌握程度来评定其学业成就。这一评估内容强调学术成绩和知识掌握对于职业发展的重要性，并激发学生在学术领域取得优异成绩。评价不仅关注学生在课堂上的表现，还关注他们在学术研究和创新项目中的参与度，这些经历对于他们的未来职业生涯非常重要。

3. 职业技能

职业技能是考核内容的重点组成部分，直接影响着学生今后职场竞争力。该评价体系通过对学生专业方面实际操作能力及实践经验进行评价，从而对学生职业技能高低进行测评。其中包括实习期间的成绩、参加专业项目情况、取得有关职业资格证书等。对职业技能进行考核，既有助于学生认识到自身在职场竞争中所处的优劣势，也可为其进入某一职业领域做铺垫。

（二）评价方法

1. 自我评价

自我评价作为评价体系的一个重要内容，促使学生自我反思、自我评估。通过自我评价使学生对职业兴趣、能力及价值观有了更加深刻的认识，并确定了职业发展的利弊。自我评价的方式有问卷调查、个人陈述或者总结日志。该评价方式让学生积极参与自身职业发展进程，强化其自我管理能力与职业规划能力。自我评价结果能给学生个人发展提供有价值的信息，有助于学生进行职业生涯规划时做出更加英明的决定。

2. 同伴评价

同伴评价作为学生互评的重要方式之一，提高了学生互评的互动性与全面性。该方法既有利于学生对自身职业表现优缺点的不同视角认识，也有利于学生间的沟通与学习。同伴评价可采用小组讨论、互评报告或者团队项目的方式进行。小组讨论时，同学能够交流自己的职业规划与职业发展经历并互相给予反馈与建议。互评报告为学生提供了评估同伴职业表现的机会，进一步增强了评价的客观性和公平性。

3. 教师评价

教师评价作为一种传统的评价体系，建立在教师对于学生课堂表现、作业完成情况以及实践活动情况的观察与理解之上。教师评价对学生进行专业反馈与建议，有助于学生深入了解学业成就与职业技能。对教师的评价可采用评语、成绩评定，也可采用个别咨询的方式。评语能详细地描述学生学习课程的情况，并指出其长处及有待提高之处。学生的成绩评估为他们提供了一个具体的量化反馈，使他们能够明确地认识到自己在学术和技术上的成果。

4. 专家评价

在评价体系中，专家的意见起到了决定性的作用。通过引入职业规划专家、行业内的专家以及其他外部领域的专家，为学生提供了更为权威和专业的评估。这种评价方式有利于学生深入了解行业需求、职业发展趋势以及自身的职业竞争力。专家评价包括职业咨询、职业规划讲座和模拟面试等方式。职业咨询为同学提供了与专家一对一交流的机会，以获得个性化的职业发展建议。职业规划讲座让同学有机会认识各职业的职业成长轨迹与准则。模拟面试则帮助学生在安全的环境中练习面试技巧，提高他们的求职能力。

三、评价结果的应用与反馈

（一）评价结果应用

1. 个人发展指导

个人发展指导中的应用为学生提供了自我反思的机会，有利于职业兴趣、能力、价值观的识别。这种自我认知是职业发展不可缺少的，可以让学生根据自身特点和市场需求做出更合乎个人期望的职业选择。评价结果的应用促进了学生的自我发展，同时为其职业发展提供了导向。通过以上研究结果，可以让学生更好地规划自己的学业和职业道路，确保自己的教育符合职业目标。评价结果还可以激发学生自我提升的动力，推动学生不断地在职业中学习和成长，以适应职业市场不断变化的需要。

2. 教育决策支持

教育决策提供了学生需求和期望的重要信息，使教育者和管理者能够更准确地了解他们的职业发展需求。这种理解对优化课程设置、教学方法和教育资源分配都是非常关键的。从评价结果看，教育工作者可以决定哪项教学内容与策略是最有效率的，哪项内容还需进一步改进。这种基于数据的决策过程有助于推动教育质量和效果的提升，确保教育内容和方式能够更好地满足学生的职业发展需求。

3. 职业指导服务改进

职业指导服务是职业指导专家带来有价值的资讯，让职业指导专家对学生职业兴趣、职业能力和职业发展需求有更加深刻的认识。根据这些资料，专家们能够设计并执行更加个性化、更加高效的职业指导服务，以帮助他们更加明确地计划职业道路。评估结果也揭示出学生职业发展可能面临的挑战与阻碍，以便职业指导服务能较早介入并提供所需支持与资源。评估结果的运用还推动职业指导服务不断完善，保证服务内容与方式能及时得到更新，以满足职业市场与学生需求的变化。

4. 政策制定参考

政府及有关部门可通过这些成果，洞察大学生职业生涯及发展规划的现况和挑战。这些资料对教育政策、就业政策、职业发展支持政策的发展与调整都是必不可少的。评估结果揭示出教育体系与职业指导服务存在的利弊，并给政策制定者以改进方向。在此基础上制定政策的过程，有利于保证政策措施与实际需求更为契合，为大学生职业发展提供更为有效的支撑。运用评价结果有利于提高政策透明度与公众参与程度，使得政策制定过程更具有民主性与科学性。

（二）评价结果反馈

1. 及时性

及时反馈指学生能很快地知道自己职业生涯规划的成绩，其中包括自身的优势以及有待提高之处。这种及时性既能帮助学生即时调整学习策略与职业规划，又能提高学生在评估过程中的信任度与接受度。教育者与职业指导专家应在评估后尽早给予反馈以保证学生及时收到上述关键信息。

2. 具体性

具体而明了的反馈有助于学生对自身职业生涯规划的具体体现有清楚的了

解，其中有可取之处，也有待完善之处。这一具体性决定了评价者必须在反馈中既指出其总体成绩，又详细描述其在自我认知、学业成就和职业技能各方面的成绩。通过具体实例及建议可以使同学更加明确自己哪方面做得比较好，哪方面需更进一步。具体性的反馈不仅有助于学生自我提升，也有助于他们制定更有针对性的职业发展计划。

3. 建设性

建设性需要评价结果不只是简单地概括，还需要提出改进的具体意见和行动的指南。这一反馈应有助于学生清楚地了解其进步的方向、指明需要从哪方面加强工作，并采取何种行动才能达到上述目的。建设性的反馈应建立在对学生个体状况的深刻洞察之上，包括他们在职业上的兴趣、技能、价值观和职业追求。

4. 互动性

互动性促使学生同教育者、职业指导专家等有关方面进行深入探讨、相互沟通。学生在这样的互动中，不仅对评价结果有了更加深刻的了解，而且得到了更加丰富的建议，进而对自身的长处与短处有更加充分的了解。互动性反馈过程有利于支持性学习环境的构建。在这种环境中，学生觉得自己的观点与情感受到了关注，自己的思想与方案获得了肯定与支持。这一互动也促进了学生相互学习与相互支持，并有利于形成活跃的学习社区，以共同促进个体与集体职业发展。

▶第七章　新时代大学生职业生涯与发展规划创新发展的途径

第一节　教育主管部门加强政策指引

教育主管部门加强政策指引是新时代大学生职业生涯与发展规划创新发展的有效思路。在新时代背景下，大学生职业生涯与发展规划的创新发展需要紧密贴合政府教育主管部门的政策导向。鉴于我国高校在职业生涯与发展规划教育方面起步较晚，且各地区间发展进度不均，目前的教学实施工作还存在诸多待完善之处。

面对这样的现实，党中央和全国各级教育主管部门应进一步提升对大学生职业生涯与发展规划教育的重视程度，通过制定和强化相关政策来有效引导其发展。所以高校在开展大学生职业生涯与发展规划教育时，应充分结合自身的实际，将教育主管部门的政策引导转化为发展动力。

教育主管部门不仅要注重当前的教育现状，更应放眼未来，积极倡导创新发展。具体来说，可以将大学生职业生涯与发展规划工作细化为长期规划和短期规划两大类，并为每一类规划制定明确、具体的政策引导。长期规划应侧重于宏观的战略性指导，为大学生的职业生涯发展提供长远视角；短期规划应注重实效性和可操作性，确保每一项政策措施都能在实践中取得实实在在的效果。通过这样的政策体系，推动大学生职业生涯与发展规划教育的全面发展，助力新时代大学生的成长成才。

一、完善相关引导性政策

在引导性政策的完善过程中，我们必须深入考量当前我国高校有关大学生职业生涯与发展规划教育工作的实际情况。首要任务是确立大学生职业生涯与发展规划工作的核心地位，并确保其与思想政治教育工作紧密融合、相互促进。同时，我们应加强对大学生职业生涯与发展规划教育工作的学术研究，以理论创新指导实践探索，切实提升教育的科学性和实效性。值得注意的是，大学生价值观的塑造和综合素养的提升应作为大学生职业生涯规划教育的核心目标。然而，由于这项工作起步晚、发展迅速，导致开展顺序和体系多种多样，标准化和统一化方面还存在不少挑战。

特别是在我国不同地区之间，高校大学生职业生涯与发展规划教育的工作制度和时效性差异显著，大中城市、沿海地区的高校通常发展更为迅速，而中小城市及内陆地区则相对滞后。这种地域差异不仅影响了教育的普及和效果，也加大了政策统一和实施的难度。尽管党中央及教育部已经出台了一系列强化大学生职业生涯与发展规划教育的政策和文件，但在实际操作中，我们仍需针对各地区、各高校的实际情况，灵活调整和完善相关政策，确保政策的有效落地和执行。只有这样，才能推动我国高校大学生职业生涯与发展规划教育工作的健康、有序发展。

当前地方教育主管部门在引导型政策方面的缺失，导致诸多重要文件内容和精神难以在高校中得到有效实施。为了改变这一现状，我们需要从多方面入手，确保大学生职业生涯与发展规划教育工作得到充分的重视和支持。如对大学生职业生涯与发展规划教育的重要性、大学生职业生涯与发展规划教育工作的地位、大学生职业生涯与发展规划教育的工作要求等，都应有所涉及，形成大学生职业生涯与发展规划教育政策体系，使得大学生职业生涯与发展规划教育工作开展政策先行、有策可依，切实保障、规范大学生职业生涯与发展规划教育工作的开展。

首先，政策文件应明确强调大学生职业生涯与发展规划教育的重要性，提升其在高等教育体系中的地位。同时，政策应详细阐述该教育工作的具体要求，包括目标设定、课程设置、教学方法等内容。

其次，为了形成一个系统完整的大学生职业生涯与发展规划教育工作政策体系，我们需要从长期规划和短期目标两个方面进行。长期规划应着眼于整体发展，为大学生提供宽广的职业发展视野；短期目标应注重实效性，确保每项政策措施都能为人学生带来实际帮助。

最后，为了确保政策的落地实施，地方教育主管部门应加大对高校的支持力度，包括资金、资源、人员等方面的支持。同时，应建立健全的监管机制，确保政策的有效执行和工作的顺利开展。

通过这样的一系列措施，我们可以使大学生职业生涯与发展规划教育工作在政策先行、有策可依的基础上得到切实保障和规范，进而推动其在我国高等教育体系中的健康发展。

二、明确大学生职业生涯与发展规划教育的工作目标

教育部为全面贯彻党的教育方针，促进普通高等学校学生全面发展，增强大学生的职业竞争力和社会适应能力，多措并举指导各高等学校开展大学生职业生涯与发展规划教育工作，提出高校大学生职业生涯与发展规划教育工作最核心的内容是根据大学生的特点，有针对性地讲授职业生涯与发展规划知识，帮助学生树立正确的职业生涯与发展规划意识。因此，各级教育主管部门需要在深入挖掘政策性文件的基础上，对所在地区高校大学生职业生涯与发展规划教育工作开展细分教育目标。大学生职业生涯与发展规划教育是高等教育的重要组成部分，对于促进学生的全面发展具有重要意义。各级教育主管部门和高校要切实承担起责任，积极推进工作，为学生的未来发展奠定坚实基础。

在硬件方面，高校开展大学生职业生涯与发展规划教育，需要具备专业且完善的环境和设施。比如，拥有固定的工作场所，这样既方便职业生涯与发展规划教师开展教学活动，又能够为接受心理咨询的学生营造良好的环境氛围。在人员配备方面，为高校学生配备业务熟练的教师队伍。该队伍的组成可以按照比例，有专职，也有兼职。专职教师要负责大学生职业生涯与发展规划研究和大学生职业生涯与发展规划咨询工作。

在软件方面，大学生职业生涯与发展规划教育工作的开展离不开专业体系的构建。要树立大学生正确的人生观，强化大学生职业生涯与发展规划知识，加深其职业生涯与发展规划意识，这需要教师重视对学生自我意识的挖掘，上述内容都需要在职业生涯与发展规划课程体系的构建环节来实现。

第二节　确立发展目标，加强过程引导

一、明确职业生涯与发展规划教育目标任务

新时代大学生职业生涯与发展规划的创新发展路径，除需要各级教育主管部门进行政策性引导之外，还需要找到自身教育工作开展的准确目标，明确大学生职业生涯与发展规划教育的根本任务。随着社会的快速发展和竞争的

加剧，个人职业生涯与发展规划变得越来越重要。为了帮助学生更好地规划未来，高校要树立正确的、积极的职业生涯与发展规划教育目标，立足于整个高校学生群体。应致力于挖掘每个学生个体的内在潜力，充分发挥学生的主观能动性。利用职业生涯与发展规划教育来提高学生自我认识，构建其正向的价值观和积极的品质。因此，大学生职业生涯与发展规划的目标制定应该更加全面且客观，需要尽可能多地创设有利于学生发展的氛围和条件。为了帮助学生更好地规划未来，我们需要明确大学生职业生涯与发展规划教育的目标任务，以指导学生的成长和进步，我们需要从"认识自我""职业探索""目标设定""技能提升""实践机会""网络构建""评估调整""持续成长"等方面进行深入探讨。

二、健全大学生职业生涯与发展规划教育管理体系

当前，我国高等教育在大学生职业生涯与发展规划教育方面已经取得了一定的成果，但一些高校对大学生职业生涯与发展规划教育的重视程度不够，缺乏系统性的规划和有效的实施；教育内容和方式较为单一，不能满足学生多样化的需求；师资队伍建设滞后，缺乏专业的职业生涯与发展规划教育教师；评价和反馈机制不完善，无法准确评估教育效果并进行针对性的改进；等等。上述情况仍普遍存在。大学生职业生涯与发展规划管理体系的构建是一项系统工作，涉及多方面因素。为了更好地确保高校大学生职业生涯与发展规划教育工作的开展，学校需要了解当前大学生身心发展特点，重视未来社会发展的方向；结合有创新性的教学模式，突出重点目标，提高管理力度和成效。在制度建设环节，高校要明确落实各级教育方针，并贯彻党和国家立德树人教育理念的应用，促进高校大学生的全面发展，强化职业生涯与发展规划教育和思想政治教育的融合。例如，各级政府行政部门颁布政策、条例所规定的具体任务、具体制度，高校具体规章制度对学生职业生涯与发展规划教育工作环节建立专项制度或规定，如职业生涯与发展规划教育工作责任制、职业生涯与发展规划指导教师管理制度、职业生涯与发展规划教育工作评估和督导制度等。

提高学生的职业生涯与发展规划能力。在教育模式方面，高校要建立分层教育引导的机制，确保从宏观到微观、从理论到实践的全方位指导，构建包括校级、学院级、系部级和班级级的四级管理体系。学院级管理层负责制定宏观的职业生涯与发展规划指导策略，包括专业方向、就业市场分析等，为系部和班级提供方向性指导。系部级管理层负责将学院级策略细化为具体的执行方

案，包括课程设置、实践活动安排等，确保各项措施落到实处。班级级管理层负责在系部级方案的指导下，具体执行学生职业生涯与发展规划的各项措施，如个性化辅导、就业指导等。建立各层级之间的互动机制，确保信息畅通、资源共享。学院级与系部级应定期交流经验、讨论问题；系部级与班级级应加强沟通与协作，确保措施有效实施。设立定期评估与调整机制，对各层级管理效果进行评估，并根据评估结果及时调整管理策略和执行方案，确保职业生涯与发展规划管理模式的持续优化。

管理体系中的每个负责人，都要做到各司其职、紧密配合。在学校的主管和领导下，职业生涯与发展规划教育的管理模式需要以职业生涯与发展规划教师为核心，由辅导员和各专业课教师作为辅助，共同参与职业生涯与发展规划教育。教职工应具备一定的职业生涯与发展规划教育常识，能够在学生提出问题时进行常规解答。

在资源分配方面，要根据高校学生群体的特点，设立专门机构，通过线上线下同步的方式强化职业生涯与发展规划知识的普及。同时，为了巩固教师队伍的数量和专业性，学校应设置专项经费对相关的专职和兼职教师进行定期培训。鼓励专职和兼职教师提高师资水平，逐渐形成持证上岗制度，并明确规定其工作范围、规范、流程及责任等，实现机构设置、师资配置和学校、学生发展一体化课程体系。可以说，职业生涯与发展规划教育是立德树人教育理念的重要组成部分，将职业生涯与发展规划教育纳入学科体系中，与其他专业学科有机融合，开设创造性课程，将职业生涯与发展规划教育融入各个实践活动中非常有必要。

第三节　重视学科建设，发挥引领作用

一、充分认识大学生职业生涯与发展规划教育的重要性

在当今社会，随着经济的飞速发展和科技的日新月异，大学生就业面临着前所未有的挑战与机遇。为了帮助学生更好地适应这一变化，高校必须充分认识大学生职业生涯与发展规划教育的重要性，并将其贯穿于整个教育过程中。

（一）提升个人认知与自我定位

职业生涯与发展规划教育帮助学生更深入地了解自己。通过一系列的课

程、讲座和实践活动，学生能够全面了解自己的兴趣、优势、价值观以及潜在的不足之处。这种自我认知不仅有助于学生在选择专业、制定学习目标时更加明确，还能够使他们在求职过程中更加自信，从而找到与自己兴趣和能力相匹配的岗位。

（二）增强职业规划与决策能力

职业生涯与发展规划教育教会学生如何进行职业规划。学生将学会如何分析市场需求、行业趋势以及职业发展的路径，从而在众多职业选择中做出最适合自己的决策。此外，通过模拟面试、职场体验等活动，学生能提前感受到职场的氛围，从而更加明确自己的职业方向和目标。

（三）促进个人成长与全面发展

职业生涯与发展规划教育注重培养学生的综合素质。通过参加实践活动、团队协作、领导力训练等项目，学生不仅能够提升自己的专业技能，还能锻炼自己的沟通能力、团队协作能力以及解决问题的能力。这些能力在未来的职业生涯中至关重要，有助于学生更好地适应职场变化，实现个人价值。

（四）提高就业竞争力与满意度

经过职业生涯与发展规划教育的熏陶，学生在求职时将更具竞争力。他们不仅拥有扎实的专业知识，还具备丰富的实践经验、良好的职业素质和明确的职业规划。这些都将使他们在众多求职者中脱颖而出，更容易获得心仪的岗位。同时，由于对自己的职业方向和目标有了更清晰的认识，他们在未来的工作中将更加满意和投入。

（五）促进高校教育改革与发展

大学生职业生涯与发展规划教育的实施，对高校教育改革与发展具有重要意义。它推动了高校教育理念的更新和转变，使高校更加注重学生的全面发展和终身发展，促进了高校课程体系的优化和完善，使课程内容更加贴近市场需求和学生需求，加强了高校与社会的联系和合作，使高校能够更好地服务于社会和经济发展。高校职业生涯与发展规划教育工作的开展，需要以更加全面且细致的方式，提高学生的思想积极性，并借助对学生职业生涯与发展规划状况的优化，发挥学生本身的潜力。

近年来，随着党中央、国务院对大学生职业生涯与发展规划工作的不断深入挖掘，已经有越来越多的高校领导意识到这项工作开展的意义和重要性，确立了职业生涯与发展规划教育在立德树人理念中的重要作用，确定了职业生涯与发展规划教育和思想政治教育之间的紧密联系，并通过不断完善教育保障机制，将这项工作落到实处。高校要把大学生职业生涯与发展规划教育工作纳入学校思想政治教育重要议事日程，加强领导。

二、发挥学科建设对大学生职业生涯与发展规划教育工作的引领作用

职业生涯与发展规划教育作为立德树人体系的重要组成部分，承载着帮助学生明确职业方向、规划发展路径的重任，更是一门独立自主、专业系统的学科。要实现对职业生涯与发展规划教育工作的有效引领，发挥学科建设的重要作用至关重要。

职业生涯与发展规划学科的建设，既体现了高校在科研领域的实力，也直接影响着高校的教学组织能力和实施效果。一个独立学科的健康发展，不仅要求拥有完备的师资队伍，还需要明确的教育目标和详尽的教育计划。教育实施的成果更是衡量高校在学科建设和学生培养方面是否专业、是否系统的重要标准。因此，高校学生职业生涯与发展规划学科的建设应受到学校和相关领导的高度重视，应由教学经验丰富的教师和专业人员共同参与，结合学生反馈的实际情况，夯实学科基础，打造系统、有针对性、前沿、实效的学科体系。高校应从加强师资队伍建设、明确教育目标和计划、完善课程体系和内容、加强实践教学环节、建立反馈机制着手，充分发挥职业生涯与发展规划教育学科建设的重要作用，为高校学生提供更加专业、系统、有针对性的职业生涯与发展规划教育服务，助力学生实现个人价值和社会价值的双重提升。

（一）职业生涯与发展规划教育教材编写方案

教材编写对于学科建设的重要性不言而喻，它不仅奠定了一个学科建设的基础，而且直接体现了高校在该学科领域的学术水平和理论深度。高校的教材编写工作需由专业的团队负责，每位团队成员都在职业生涯与发展规划教育领域有深入的研究和实践经验，以确保教材内容的权威性和实用性。

考虑到我国大学生在职业生涯与发展规划教育方面的知识相对匮乏，教材编写应特别注重技术内容的融入。这些技术内容可以包括热门问题、学生普遍关注的职业生涯规划与发展难题等。通过系统章节的编撰，介绍相关问题的预防和自我调节方法，提高学生的实践应用能力和解决问题的能力。在教材编写过程中，我们应确保内容具有系统性、针对性和实用性。系统性体现在教材的逻辑结构清晰，知识点覆盖全面；针对性要求教材内容能够针对学生的实际需求，解决他们在实际学习和生活中遇到的问题；实用性强调教材内容能够帮助

学生将理论知识转化为实践能力，为他们的未来职业生涯发展奠定坚实基础。

在教材编写小组内部，我们遵循分工合作的原则。每位教师根据自身在职业生涯与发展规划教育领域的专长和兴趣，负责相应章节的编写工作。这样的分工能够确保教材内容的专业性和深入性，同时提高编写效率。我们要求每位教师在编写过程中注重与其他成员的沟通和交流，确保章节之间的衔接和协调。

（二）科学组织职业生涯与发展规划教育

1. 职业规划基础

职业规划是每个教师职业生涯中不可或缺的环节。为了科学组织职业生涯与发展规划教育教学，需要明确职业规划的基本原则和目标。这包括认识职业规划的重要性，了解职业规划的流程，并设定个人职业发展的短期和长期目标。通过制定明确的目标，教师可以更好地规划自己的职业道路，实现个人价值的最大化。

2. 自我认知与定位

自我认知是职业规划的关键环节。教师需要深入了解自己的兴趣、能力、价值观和职业倾向，以便找到最适合自己的教学领域和职业发展方向。通过自我评估，教师可以明确自己的优势和不足，从而制订针对性的提升计划。同时，教师需要关注行业趋势和发展动态，以便及时调整自己的职业规划。

3. 教育行业现状

了解教育行业现状是制定职业发展教学规划的前提。教师需要关注国家教育政策、教育市场需求、教学技术发展等方面的变化，以便把握行业发展趋势。同时，教师需要关注自己所处领域的具体状况，如教学资源、课程设置、教学方法等方面的变革。通过了解行业现状，教师可以更好地把握职业发展方向，提高教学水平和市场竞争力。

4. 技能提升计划

技能提升是职业发展教学的重要保障。教师需要制订详细的技能提升计划，包括提升教学技能、教育技术技能、科研能力等内容。通过参加培训、学习新知识和技术、参与课题研究等方式，教师可以不断提升自己的专业素养和教学能力。此外，教师需要关注行业最新动态和技术发展，以便及时调整自己的技能提升计划。

5. 实践经历积累

实践经历是职业发展教学的重要支撑。教师需要积极参与教学实践、科研、社会服务等活动，积累丰富的实践经验。通过实践经历，教师可以更好地了解行业需求和市场需求，提高教学水平和专业素养。同时，实践经历还可以为教师的职业发展提供有力支持，如提升职业竞争力、拓展职业发展空间等。

6. 职业规划更新

职业规划是一个动态的过程，需要不断地更新和调整。教师需要定期评估自己的职业规划实施情况，检查是否达到预期目标。如果发现偏差或不足，需要及时调整职业规划，制订新的发展目标和行动计划。此外，教师需要关注行业变化和市场需求的变化，以便及时调整自己的职业规划方向。

科学组织职业生涯与发展规划教育教学需要教师充分认识职业规划的重要性，深入了解自己和行业现状，制订详细的技能提升计划和实践经历积累计划，并定期更新职业规划。只有这样，教师才能更好地实现个人职业价值和社会价值的最大化。

第四节　加强队伍建设，提升育人主体活力

一、发挥专任教师骨干作用

大学生职业生涯与发展规划是高等教育中不可或缺的一环，它直接关系到学生的未来职业定位、个人成长及社会贡献能力。职业生涯与发展规划教育工作的参与主体是强化教育工作落实的先决条件。参与职业生涯与发展规划教育的专职教师，不仅需要在教育实施中处于引导地位，同时应该成为队伍建设的核心骨干。专任教师通过对专业知识、实践经验与人生智慧的综合运用，能够为学生提供全方位、个性化的指导和支持。

（一）明确职业导向

专任教师应首先成为学生职业探索的引路人，通过开设职业规划课程、讲座及工作坊等形式，帮助学生认识自我、了解不同职业领域的发展现状与前景；利用自身行业经验和社会资源，为学生解析行业趋势，引导学生根据个人兴趣、特长及市场需求，初步明确职业方向，为后续规划奠定基础。

（二）职业规划指导

针对学生个体差异，专任教师需提供一对一或小组形式的职业规划咨询服务。通过评估学生的兴趣、能力、价值观及性格特质，协助学生设定合理的职

业目标，并制订具体可行的行动计划。同时，指导学生运用SWOT分析（优势、劣势、机会、威胁）等方法，自我评估与外部环境分析相结合，确保职业规划的科学性和可操作性。

（三）教学示范引领

专任教师应在日常教学中融入职业规划教育，通过案例分享、项目驱动等方式，展现职业精神与专业素养。通过对自身职业生涯的回顾与反思，激励学生树立远大志向，培养良好的职业道德和职业操守。同时，鼓励学生参与课程实践，将理论知识与实际应用相结合，提升解决问题的能力。

（四）实践实习指导

积极搭建校企合作平台，为学生争取高质量的实践实习机会。专任教师需全程参与学生的实习安排与管理，指导学生选择合适的实习岗位，进行实习前的技能培训与心理准备；实习期间，定期跟踪学生的实习进展，及时解答疑惑，协助解决学生实习中遇到的问题；实习结束后，组织实习总结交流会，分享经验，促进相互学习。

（五）科研能力培养

鼓励学生参与科研活动，培养学生的创新思维和科研能力。专任教师可结合自己的研究方向，指导学生申报科研项目、参与课题研究或发表学术论文。在科研过程中，注重培养学生的文献检索、实验设计、数据分析及论文撰写等能力，为学生未来从事科研或技术工作打下坚实基础。

（六）就业指导服务

临近毕业，专任教师需加强就业政策解读与就业指导服务。帮助学生了解就业市场，分析就业形势，制定求职策略。通过模拟面试、简历制作指导、面试技巧培训等方式，提升学生的求职竞争力。同时，利用人脉资源，为学生推荐就业岗位，拓宽就业渠道。

（七）心理职业辅导

关注学生的心理健康，提供必要的心理职业辅导。面对就业压力、职业规划困惑等问题，专任教师应具备一定的心理学知识，能够识别学生的心理问题，提供心理疏导和情绪支持。通过个别咨询、团体辅导等形式，帮助学生建立积极的心态，增强应对挑战的能力。

（八）校企合作桥梁的构建

加强与企业的沟通与合作，建立稳定的校企合作关系。专任教师需深入了解企业需求，引导企业参与学校的人才培养过程，共同制定人才培养方案，实现教学内容与职业标准的对接。同时，邀请企业专家进校园，为学生带来行业前沿知识，增强学生的职业认知和实践能力。

总之，专任教师在大学生职业生涯和发展规划过程中发挥着不可替代的作用。通过明确职业导向、职业规划指导、教学示范引领、实践实习指导、科研能力培养、就业指导服务、心理职业辅导以及校企合作桥梁的构建等多方面的努力，专任教师能够有效促进学生的全面发展，为他们的未来职业生涯奠定坚实的基础。

二、发挥辅导员主力军作用

在大学生职业生涯和发展规划的征途上，辅导员作为学生成长道路上的重要引路人和伙伴，扮演着不可或缺的主力军角色。他们通过全面的指导、贴心的服务以及个性化的支持，助力学生明确职业目标，提升职业素养，最终实现个人价值与社会贡献的和谐统一。以下将详细阐述辅导员如何在这一过程中发挥主力军作用。

（一）职业规划指导

辅导员应成为学生职业规划的启蒙者和指导者。通过开设职业规划课程、组织专题讲座和工作坊，辅导员帮助学生了解自我、认知职场、掌握职业规划的基本方法和技巧。同时，辅导员需根据学生的兴趣、能力和市场需求，提供个性化的职业规划建议，引导学生制定合理、可行的职业发展规划。

（二）就业咨询服务

面对日益激烈的就业竞争，辅导员应提供及时、专业的就业咨询服务。他们需密切关注就业市场动态，了解企业招聘需求和趋势，为学生提供全面的就业信息。此外，辅导员应指导学生制作简历、准备面试、了解就业政策等，增强学生的求职竞争力。在求职过程中，辅导员还需给予学生必要的心理支持，帮助他们克服焦虑、恐惧等负面情绪。

（三）职业素养培养

职业素养是学生未来职业生涯中的重要支撑。辅导员应注重学生职业素养的培养，通过组织职场礼仪培训、团队合作项目、模拟职场环境等方式，帮助学生树立正确的职业观念，培养良好的职业道德、团队协作能力和沟通表达能力。同时，辅导员需引导学生关注行业动态，不断提升自己的专业技能和综合素质。

（四）就业信息提供

辅导员应成为就业信息的传递者和整合者。他们需广泛收集各类就业信息，包括企业招聘公告、校园招聘会信息、就业政策解读等，并通过多种渠道及时传递给学生。此外，辅导员需与用人单位建立紧密联系，为学生争取更多的实习、就业机会。在提供就业信息的同时，辅导员还需指导学生如何筛选、分析信息，做出明智的就业选择。

（五）心理辅导与支持

在职业生涯规划和就业过程中，学生难免会遇到各种心理困扰。辅导员应具备一定的心理学知识，能够识别学生的心理问题，并提供及时的心理辅导和支持。通过个别咨询、团体辅导等方式，辅导员帮助学生建立积极的心态，增强应对挑战的能力。同时，辅导员还需关注学生的心理健康状况，及时干预和疏导学生的心理问题。

（六）个性化引导

每个学生都是独一无二的个体，具有不同的兴趣、能力和发展需求。辅导员应注重学生的个性化差异，提供个性化的引导和支持。通过深入了解学生的性格特点、兴趣爱好和职业规划目标，辅导员为学生提供量身定制的指导和建议。在个性化引导过程中，辅导员还需关注学生的成长变化，及时调整指导策略和方法。

（七）创新创业支持

随着创新创业时代的到来，越来越多的学生开始关注并投身于创新创业领域。辅导员应成为学生创新创业的坚强后盾和有力支持者。通过组织创新创业大赛、创业训练营等活动，辅导员激发学生的创新创业热情，培养学生的创新意识和创业能力。同时，辅导员还需为学生提供政策咨询、项目孵化、资金扶持等全方位的支持和服务，助力学生实现创新创业梦想。

综上所述，辅导员在大学生职业生涯和发展规划过程中发挥着至关重要的作用。他们通过职业规划指导、就业咨询服务、职业素养培养、就业信息提供、心理辅导与支持、个性化引导以及创新创业支持等多方面的努力，为学生的未来职业生涯奠定了坚实的基础。

第五节　寻求创新突破，拓宽生涯研究教育渠道

一、引入新的研究视角和方法

在全球化背景下，大学生职业生涯与发展规划研究应纳入全球视角，关注

国际产业动态和发展趋势，为大学生的职业生涯拓宽道路。同时，鼓励不同学科之间的交叉融合，培养大学生的跨界思维能力，提升综合素质。这可以通过组织跨学科的研究项目、开设综合性课程等方式实现。在研究方法上，强调持续学习和终身学习的重要性。可以引入新的学习工具和平台，如在线课程、学习社区等，为大学生提供持续学习的机会。

二、优化研究内容和形式

关注大学生在职业生涯规划中面临的挑战和困难，研究内容应紧密结合时代发展和市场需求，关注新兴行业和领域的发展动态。除了传统的文献研究、问卷调查等方法外，还可以引入案例分析、实证研究等多元化的研究形式。通过深入实际、了解现状，使研究更具有针对性和实效性。

三、拓宽研究渠道和合作

充分利用网络资源，如职业规划平台、在线课程等，为大学生提供丰富的职业信息和指导。同时，可以通过网络平台收集和分析大数据，为职业生涯与发展规划研究提供有力支持。加强高校与企业之间的合作，共同开展大学生职业生涯与发展规划研究。企业可以为大学生提供实习、就业等实践机会，高校可以为企业提供人才培养、科研成果等支持。积极开展国际合作与交流，引入国际先进的职业生涯与发展规划理念和经验。通过参加国际学术会议、合作项目等方式，提升研究水平和国际影响力。

四、建立研究反馈与调整机制

对研究项目的进展和成果进行定期评估，确保研究方向和内容符合实际需要，根据评估结果和实际需求，及时调整研究内容和形式，确保研究的针对性和实效性。

五、注重多学科融合渗透

高校大学生职业生涯与发展规划教育是一个系统工程，而非一门独立学科。职业生涯与发展规划教育在各个学科教学过程中的渗透，符合职业生涯与发展规划教育以及思想政治教育实际需求。职业生涯与发展规划教育中，对其他学科的跨领域研究，本质上是满足其他学科的教学目标。只有学生形成对不同学科的正确认识，才能真正发挥出自身主观认知的作用。因此，高校需要打破传统认识，将职业生涯与发展规划教育从一个专业的概念转变为一个综合的概念。职业生涯与发展规划教育需要渗透在高校教育的各个环节中，需要和其他学科进行观点融合。

总之，寻求创新突破并拓宽大学生职业生涯与发展规划研究渠道需要我们从多个方面入手，包括引入新的研究视角和方法、优化研究内容和形式、拓宽研究渠道和合作以及建立研究反馈与调整机制等。通过这些措施的实施，我们可以为大学生提供更加科学、有效的职业生涯与发展规划指导和支持。

第六节　全方位落实，构建生涯发展研究教育教学氛围

一、职业生涯与发展规划教育功能的落实策略

职业生涯与发展规划教育功能的落实，需要整个教育系统内多个环节的协同配合。要实现学生对职业生涯与发展规划教育的深刻认知，不能仅仅局限于课堂教学，更应着眼于整个学校学术氛围的营造和高校文化体系的完善。

为了构建浓厚的校园学术氛围，高校应高度重视教学品质的提升。一方面，可以通过增加经费投入，优化教学设备的质量，为职业生涯与发展规划教育提供更为先进的物质条件，包括心理咨询环境和必要的咨询设备。另一方面，应构建科学的人才培养体系，注重课程设置的创新性和教学方法的多样性。

在课程设置上，鼓励教师进行跨学科融合，将职业生涯与发展规划教育与其他专业课程相结合，挖掘交叉学科的潜力，引入新时代背景下的新观点和新内容，使课程内容更具前瞻性和实用性。

在教学方法上，教师应摆脱传统的讲授模式，转向体验式、互动式的教学模式。通过打造具有沉浸感的教学环境和氛围，引导学生积极参与、深入思考，并进行深入的心理和情感交流。这种模式不仅能增强课程的吸引力，还能帮助学生更好地理解和应用职业生涯与发展规划的理论知识。

另外，高校需要加强人文精神教育和科学精神教育。在职业生涯与发展规划教育中，培养学生求真务实的精神，培养学生崇尚科学的理念，培养学生锐意进取的品质。高校还可以开展学术交流活动，良好的学术交流有利于拓宽学

生的视野和知识面，促进自身科研水平的提高。学术交流秉承"请进来，走出去"原则，邀请国内外知名专家来校开展学术讲座，进行学术交流，同时为学生、教师提供外出学习交流的机会。除了学术交流外，高校还可以举办各种学术论坛以及科研竞赛等活动。要发挥高校社团的作用，让学生参与到营造学术氛围的活动中。

二、开展多样校园文化活动

开展多样化、富有活力的校园文化活动，对于建设高校良好的教育氛围具有不可忽视的作用。相较于传统课堂教学，校园文化活动因其丰富性、趣味性和互动性，更能引起学生的共鸣，激发他们的兴趣和热情。职业生涯与发展规划教育是一种强调实践体验的教育形式，它需要通过各种活动和社会实践来加深学生的理解和感悟。而校园文化活动正是这样一种有生命力的、具有说服力的生动教材。在这些活动中，学生能够全身心地投入其中，全程参与，感受到轻松愉悦的氛围。

这种教育氛围能帮助他们形成对职业生涯与发展规划知识的正确认识。通过参与校园文化活动，学生能够更加深刻地理解职业世界的多样性，意识到个人兴趣、能力和价值观在职业选择中的重要性。同时，他们能在活动中结交志同道合的朋友，拓展人际关系，为未来的职业发展打下坚实的基础。

高校应充分利用校园文化活动这一平台，将其与职业生涯与发展规划教育相结合，为学生提供更多实践体验的机会。通过丰富多彩的校园文化活动，让学生在轻松愉悦的氛围中感悟职业生涯与发展规划的真谛，构建积极向上的价值观，为未来的职业道路奠定坚实的基础。

为了帮助学生更好地认识自己、规划未来，高校在职业生涯与发展规划教育方面开展了一系列丰富多样的活动。以下是一些具体活动的举例。

1. 讲座与分享会

高校定期举办职业讲座，邀请行业内专家、知名企业家或校友分享他们的职业经验和发展历程。这些讲座旨在为学生提供一个与职业人士面对面交流的机会，帮助他们了解不同行业的发展趋势和就业前景。同时，通过分享会的形式，学生可以深入了解校友的职业选择和成长路径，从中吸取经验和启示。

2. 职业规划课程

职业规划课程是高校职业生涯与发展规划教育的重要组成部分。这些课程通常涵盖自我认知、职业探索、目标设定、行动计划等内容，旨在帮助学生明确自己的职业兴趣和目标，掌握职业规划的方法和技巧。通过课程学习，学生可以更加清晰地认识到自己的优势和不足，制定更为合理和可行的职业规划。

3. 实习实训项目

实习实训项目是学生将所学知识应用于实践的重要途径。高校通常会与企业、机构等合作，为学生提供实习实训机会。通过实习实训，学生可以深入了解职业领域的工作内容、工作环境和职业发展路径，提升自己的实践能力和综合素质。同时，实习实训也是学生积累工作经验、建立职业人脉的重要机会。

4. 模拟面试训练

模拟面试训练是帮助学生提升面试技巧和自信心的重要手段。高校会组织模拟面试活动，邀请企业或机构的 HR 担任面试官，模拟真实的面试场景。在模拟面试中，学生可以体验到真实的面试氛围，了解面试流程和注意事项，并通过反馈和建议来改进自己的表现。这种训练方式有助于学生在真实的面试中更加从容自信地表现自己。

5. 职业技能培训

为了提升学生的职业竞争力，高校会开设各种职业技能培训课程。这些课程通常包括计算机技能、语言能力、沟通技巧、团队协作等方面，旨在帮助学生掌握必备的职业技能。通过职业技能培训，学生可以更好地适应职业领域的需求，提升自己的职业素养和综合能力。

6. 职业发展咨询

高校通常会设立职业发展咨询中心或提供职业发展咨询服务，为学生提供个性化的职业指导和帮助。学生可以向咨询师咨询职业规划、求职技巧、职业转换等方面的问题，并获得专业的建议和指导。这种咨询服务有助于学生更加全面地了解自己的职业兴趣和发展方向，做出更为明智的职业决策。

7. 校友交流活动

校友是高校的重要资源之一，他们拥有丰富的职业经验和人生经历。高校会组织校友交流活动，邀请校友回校与在校生分享他们的职业经历和成长故事。通过交流互动，学生可以更加深入地了解校友的职业发展路径和成功经验，并从中获得启发和激励。同时，校友交流活动也是建立校友关系网络、拓展职业人脉的重要机会。

第七节　健全大学生职业生涯与
发展规划研究信息服务体系

在当今日益复杂的就业环境中，大学生职业生涯与发展规划的重要性越发凸显。为了更好地支持大学生进行职业生涯规划与决策，建立一个健全的信息服务体系显得尤为重要。构建健全的高校职业生涯与发展规划教育网络信息服务体系，需要从以下几方面入手。

一、信息服务平台建设

信息服务平台是大学生职业生涯与发展规划研究信息服务体系的基础。该平台应整合各类职业生涯规划信息资源，包括行业动态、就业政策、职位信息等，为大学生提供一站式的信息查询服务。同时，平台应具备良好的用户界面和易用性，确保大学生能够轻松获取所需信息。

二、测评与咨询系统

测评与咨询系统是信息服务体系的重要组成部分。通过科学的测评工具，帮助大学生了解自己的兴趣、能力、性格等特点，为职业生涯规划提供科学依据。同时，设立专业的咨询团队，为大学生提供个性化的职业规划和就业指导，解答学生在规划过程中产生的疑问和困惑。

三、课程体系开发

针对大学生在职业生涯规划方面的需求，开发一系列相关的课程体系。课程内容应包括职业生涯规划理论、职业探索方法、求职技巧等方面，帮助学生全面了解职场，提高求职竞争力。同时，课程应注重实践性，通过案例分析、模拟面试等方式，让学生在实践中掌握职业生涯规划的技能。

四、就业信息服务

就业信息服务是信息服务体系的核心功能之一。通过与各类企业和招聘机构建立合作关系，收集最新的职位信息和招聘动态，为大学生提供及时、准确的就业信息。同时，举办各类招聘会和就业推介活动，帮助学生了解就业市场，拓宽就业渠道。

五、反馈与评估机制

建立反馈与评估机制，定期收集学生和用人单位对信息服务体系的意见和建议，分析服务效果和用户满意度。根据评估结果，及时调整和优化信息服务内容和方式，确保信息服务体系能够持续满足大学生和用人单位的需求。

六、合作与交流平台

加强与其他高校、企业、社会组织等的合作与交流，共同推动大学生职业生涯与发展规划研究信息服务体系的建设。通过合作与交流，共享资源、互通有无，提高信息服务体系的覆盖面和影响力。

七、数据管理与分析

建立完善的数据管理与分析系统，对信息服务体系产生的各类数据进行收集、整理和分析。通过对数据的深入分析，了解大学生职业生涯规划的现状和趋势，为信息服务体系的优化提供数据支持。

八、服务团队建设

加强服务团队建设，提高团队的专业素质和服务水平。通过定期培训、交流学习等方式，提升团队成员的业务能力和服务水平。同时，建立激励机制和考核制度，激发团队成员的积极性和创造力，确保服务团队能够持续为大学生提供优质的服务。

总之，高校除建立信息化平台和档案外，更需要建立起借助互联网和信息化渠道，提高学生职业生涯与发展规划水平的一系列措施。高校要形成以职业生涯与发展规划教育为核心，以教职工为纽带，以学生骨干为参与人员的完整信息化服务体系。比如，构建从学校到院系、从院系到班级的职业生涯与发展规划保护网。借助职业生涯与发展规划教育平台，开展切实有效的就业创业活动。依托大学生创业项目，对学生的职业生涯与发展规划状况进行实时引导和管理。以分管职业生涯与发展规划教育工作的校领导为指导，制定相关的方针、政策，组织协调院系工作的开展和整合，为学生的现实问题及时提供解决和帮助的方法。

▶第八章　大学生职业生涯与发展规划的改革和创新

在当今快速变化的社会环境中，高等教育已不仅仅局限于知识的传授，更侧重于学生综合素质的培养与未来职业生涯的规划。大学生职业生涯与发展规划作为连接校园与社会的桥梁，其重要性日益凸显。本章旨在探讨大学生职业生涯与发展规划的改革与创新路径，通过构建资源支持和保障体系、实施优化实验以及促进融合发展，为大学生的成长成才提供有力支撑，以帮助大学生更好地找到自己的职业发展道路。

第一节　大学生职业生涯与发展规划的资源支持和保障体系

一、大学生职业生涯与发展规划的资源支持和保障体系的必要性

对于学生主体而言，当前就业市场竞争激烈，大学生面临的就业压力不断增加。许多大学生在求职过程中缺乏明确的职业目标和规划，在就业过程中缺乏职业素养和综合能力，无法满足人才市场的需求而导致就业困难。高校通过系统的职业生涯规划教育和资源支持，使大学生可以更清晰地了解自己的兴趣、优势和职业方向，系统地提升职业素养和综合能力，包括沟通能力、团队合作能力、创新能力等，从而更好地适应职场环境。大学时期是大学生挖掘、积累和学会驾驭资源的关键时期，在这一时期做好职业规划，能够帮助大学生积累健康的身体、良好的人际关系、合理的知识结构等一系列职业发展的必要资源。而且，一个合理的职业规划还能提高大学生驾驭各种资源的能力。当今社会是一个充满竞争的时代，适者生存，优胜劣汰。近年来，由于多所高校的

扩招，大学毕业生的数量逐年增加，在这样竞争激烈的社会中要想脱颖而出，必须提前做好人生的职业规划。只有这样才能明确自己的目标，才能按照自己的目标不断充实和完善自己，然后将自己的求职计划付诸行动，从而大大提升自己的竞争力。此外，每个大学生的职业发展需求和路径各不相同，单一的就业指导难以满足所有学生的需求，必须健全职业发展规划的保障体系，通过分类精准施策和个性化指导，高校可以根据学生的不同需求提供定制化的就业服务，帮助学生更好地实现职业目标。

帮助大学生做好职业发展与就业指导，有利于学生科学地认识自我，全面分析自己，树立正确的就业观念。通过探索职场环境，了解职业发展趋势和就业形势，确立自己的职业目标和发展方向，将专业知识与发展目标有机结合，通过查找差距，确定短期目标、中期目标和长期目标并付诸实际行动，不断调整自己的发展方向。另外，随着社会形势的变化，职场环境错综复杂，对学生综合能力的要求也更加严格。帮助大学生做好职业发展和就业指导，有利于学生提前做好充足的准备，顺应社会的发展，挖掘自我潜能和优势，提升自己的就业竞争力，满足用人单位的要求，实现人职匹配。

对于学校，教育质量和社会满意度是衡量高校办学水平的重要指标。随着"人才战略"的深入实施，伴随着"双创"越来越受到重视，对高校教育提出了更高的要求，只有适应新时代对高校教育提出的新要求，大力推动教育、教学、管理改革，才能使其取得更好的成效。作为大学生"双创"教育、思想政治教育以及专业课程教育的重要组成部分，培养大学生职业生涯与发展规划的意识和能力具有十分重要的意义，高校对此应有清醒的理解和认识。通过系统的大学生职业规划教育，高校可以推动教育教学改革，培养出更多高素质、高技能的毕业生，优秀的毕业生不仅是学校的名片，也能吸引更多优质生源和社会资源的关注和支持，提升学校的声誉和社会影响力。职业规划课程保障体系的建设需要学校在课程设置、师资培训、资源配置等方面进行系统的管理和优化。这有助于提升学校的管理水平，推动学校各项工作的规范化和科学化。高校要加强对大学生职业生涯规划教育重视程度，从理论、实践、评价与反馈层面进行改革，从而提高大学生就业质量。此外，通过职业规划课程保障体系的建设，学校可以不断提升教育质量和社会影响力，吸引更多优质生源和社会资源，推动学校的可持续发展。

对于就业市场，首先，职业生涯规划教育引导学生了解自己的兴趣、能力、价值观及市场需求，从而做出更合理的职业选择，实现"人职匹配"。这不仅有助于大学生找到适合自己的岗位，也能帮助企业招聘到更合适的人才，从而优化整个市场的人力资源配置。其次，减少失业和盲目就业。职业生涯规划教育帮助大学生明确职业目标，减少因缺乏规划而导致的失业和盲目就业现象；接受过职业生涯规划教育的大学生通常具有更清晰的职业规划和更强的职业适应性，他们在就业后更有可能保持稳定的职业状态，减少频繁跳槽带来的市场波动，从而提高整个就业市场的效率，共同促进就业市场的健康、稳定和可持续发展。

二、目前大学生职业生涯与发展规划工作中存在的问题

随着高等教育的普及和就业市场的竞争加剧，大学生职业生涯与发展规划的重要性日益凸显。然而，在实际操作中，这一领域仍存在诸多问题，不仅影响了大学生的个人发展，也对高校和社会的整体进步带来挑战。目前，中国高校大学生职业生涯与发展规划工作相较于发达国家仍存在很大差距，具体表现在三个方面。

（一）大学生职业生涯与发展规划意识薄弱

许多大学生进入高校后，未能及时树立明确的职业规划意识，往往沉迷于学业成绩或社团活动，而忽视了对未来职业方向的思考。大部分学生在职业生涯规划方面缺乏主动性，往往是被动接受外界的建议和安排，这种情况导致许多学生在毕业时面临职业选择的困惑和迷茫，以及在就业市场上的盲目性和被动性。此外，大学生在职业生涯规划中，需要对自己有全面的认识。但许多大学生在自我分析方面缺乏科学性，没有进行过专业的性格类型测试（如MBTI），对自己的性格、兴趣、能力等情况缺乏精确把握。这种自我认知的不足，直接导致他们在职业选择时难以做出最适合自己的决策，容易出现专业优势的低效发挥现象。

（二）职业规划课程重视度不够

教育部颁布了《大学生职业发展与就业指导课程教学要求》（高教司〔2007〕7号）号，虽然各高校陆续将大学生职业生涯规划和就业指导纳入了教学管理体系，但仍有许多高校误把大学生就业指导与生涯规划混为一谈，其表现是只面向毕业年级开设"大学生就业指导课"，很少着眼于学生的终身职业发展，引导学生系统地进行职业生涯与发展规划。部分高校虽然向低年级学生开设"大学生职业生涯规划课"，但大多是以选修的形式进行，在课时量、上课时间安排、课程内容衔接等方面均存在不合理的地方，对学生的影响有

限。相当一部分学生对职业生涯规划课程持消极态度，仅仅是为了修满学分，有时存在旷课现象，参与职业规划活动的积极性不高，使得这门课程没有起到应有的作用。

（三）职业规划与实际行动脱节

职业生涯规划不仅包含测定和分析的过程，还包含对既定目标的实施。许多学生的发展期望不切实际，往往盯着大城市、大企业、高收入、高福利等岗位，忽视了自身条件与职业环境的匹配度。这种过高的职业发展期望，不仅增加了他们的就业压力，还可能导致他们在就业市场上的挫败感。同时，这种不切实际的期望也影响了他们的职业规划决策，使他们难以做出最适合自己的选择，缺乏科学的分析和规划。社会实践方向不明确，不少大学生选择了与未来职业目标无关的兼职工作，部分大学生在高校学习时往往以考取学位和证书作为发展主路径，忽视了自身兴趣和能力的匹配度，也忽视了实际操作能力的培养。这种以考证代替实践能力的做法，不仅难以提升就业竞争力，还可能导致职业规划的落空，无法为大学生提供切实有效的职业生涯发展路径，从而对职业认识更加模糊。

三、大学生职业生涯与发展规划资源支持和保障体系的构建

（一）政策支持体系

以习近平新时代中国特色社会主义思想为指导，深入贯彻党的十九大精神，坚持党的领导，坚持正确办学方向，坚持立德树人，深入推进育人方式、办学模式、管理体制、保障机制改革，切实增强大学生职业生涯与发展规划的现实作用，为全面建设社会主义现代化国家提供有力人才支撑。早在2010年出台的《国家中长期教育改革和发展规划纲要》中就提出："建立学生发展指导制度，加强对学生的理想、心理、学业等多方面指导。"近年来，贯彻建立学生发展指导制度的要求，我国部分省份和学校进行了生涯规划教育的政策和实践探索。但从全国或者区域范围看，生涯规划教育还很薄弱，前期改革省份的案例和经验有待推广，国家和地方层面也需要统筹推进。因此，迫切要求完善国家和地方层面的政策支持体系，制定国家层面统一的《学生发展指导（生涯规划教育）纲要》或者框架等制度文件，出台以终身教育理念为核心的学生发展指导或者生涯规划教育指导意见，督促各地研究落实；统筹教育、财政、编制等部门落实生涯规划教育的各项制度安排，加大投入力度，提供专门的制度保障和经费支持；对生涯规划教育校外培训机构进行规范和管理。

（二）教育资源

教育资源是大学生职业发展中的重要支持，高校应从新生入学开始就注重职业生涯规划教育，通过"开学第一课"将职业规划理念注入学生的学习生活中。大学期间，学生可以通过努力学习专业知识和技能，为将来的职业生涯做好准备。为大学生提供系统化的课程体系，高校应建立系统化的职业生涯规划课程体系，将职业生涯规划课程作为公共必修课程列入教学计划，贯穿学生从入学到毕业的全过程。例如，高校为新生提供就业指导与职业生涯规划手册，帮助学生从大学伊始就逐渐明确职业发展方向。

（三）强化师资队伍建设

专业的职业规划指导教师是就业指导顺利开展的保障。引进和培养具有丰富职业经验和教学能力的职业规划导师，建立专兼职相结合的师资队伍，专门负责学生职业规划、职业辅导、职业心理咨询等工作，并通过培训提升教师的专业水平。教师在对大学生职业生涯规划进行指导与服务的过程中，要坚持理论与实践相结合，加强对学生职业生涯规划的调查与分析，了解和掌握真实情况。对于学生存在偏差的理解和认识，教师应当及时进行纠正。无论是就业指导专业教师，还是思政老师、专业课程教师，都应当把职业生涯规划指导与服务作为一条主线，融入各个领域和各个方面，大力推动文化育人与实践育人协同育人机制建设，多开展一些交流互动、团建活动、拓展训练，并让大学生参与到各个领域和各个环节，引导大学生之间多交流、多互动、多启发，强化大学生职业生涯规划共享。通过定期举办工作坊、研讨会等形式，提升教师的专业能力和教学水平。

2013 年，教育部进一步提出："要加快建设一支职业化、专业化、高水平就业工作队伍，切实将生涯规划指导教师纳入学校教师专业技术职务评聘范畴，积极开展生涯规划指导教师培训。"这些政策的出台，为建设一支高水平的课程教学师资队伍提供了政策保障。为切实强化师资队伍建设，取得理想的课程教学效果，要构建科学的学科建设路径，落实普通高校就业指导专职教师纳入专业技术岗位系列的政策，着力提升生涯规划指导队伍专业化水平，加强职业生涯规划相关学科的专业建设，开设多样化的课程，满足学生个性化需求。例如，教师应积极调动学生主观能动性，采取多种方法、多种形式对大学生职业生涯规划进行指导和服务。教师在开展指导与服务的过程中要注重加强对学生未来就业设想、就业方向的调查分析，对大学生进行分类指导，而且将理论引导与实践操作有效结合，将职业生涯规划教育与创新创业教育进行创新式一体发展。同时，建立职业规划导师制度，每位学生都能得到一位导师的全程跟踪和指导，确保职业规划的针对性和有效性，通过与导师建立联系，学生可以得到专业指导，获得更多本行业和专业的信息及内幕。

（四）职业指导与咨询

各高校要开设专门的就业部门对学生进行生涯规划和求职就业的指导，积极搭建多维度的培训平台，邀请各行各业专家，定期开展职业讲座和研讨会等，帮助学生了解不同行业的就业需求和趋势，帮助大学生在职业生涯与发展规划中做出更加明智的选择。构建全面的职业生涯规划信息平台，整合校内外资源，为学生提供便捷的查询与咨询服务。平台应包括职业测评、行业分析、就业信息、职业规划案例等内容，帮助学生全面了解自我、认识职业、规划未来，使学生更好地了解行业动态、市场需求及个人优劣势。实行分类精准施策，高校应根据学生的不同需求进行分类指导，提供定制化的就业服务。例如，对于就业意向明确的学生，提供精准就业信息和实习实训平台，安排就业指导老师进行简历和面试优化；对于就业目标不清的学生，利用专业的职业测评工具和专家咨询，如舒伯职业价值观测试、霍兰德职业倾向测试、MBTI职业性格测试等，帮助大学生分析自身定位，明确职业方向。

（五）全员参与的支持机制

高校应将就业"一把手工程"与全员育人相结合，完善全员参与就业机制，调动多方力量，统筹各种资源，在落实就业指导和帮扶上形成合力。政府、高校、就业单位和第三方机构多方协同合作，拓展校企合作的形式，优化校企合作政策环境，坚持产教融合、校企合作，推动形成产教良性互动、校企优势互补的发展格局；坚持面向市场、促进就业，推动学校布局、专业设置、人才培养与市场需求相对接，搭建大学生职业发展社会支持体系，打破多主体间的业务壁垒和行政壁垒，形成以大学生职业发展为中心的知识及资源系统。

（六）心理健康保障体系

高校大学生心理健康对其未来职业发展具有关键性影响，在职业生涯规划阶段，健康的心理能够使其以积极正向的心态面对职业发展进程中的各种困难与挫折，实现职业发展。当前，高校大学生所面临的就业形势越来越严峻，就业压力不断增加，使高校大学生暴露出越来越多的职业生涯规划中的心理问题。大学生职业生涯规划工作是一项复杂的工作，大学生心理状态、性格特征等因素对于大学生的职业能力和生活工作态度的影响非常突出，教师应充分认识到大学生群体的个体差异，以对大学生进行心理健康教育为契机，为大学生职业生涯规划指导工作的顺利开展找到心理健康教育层面的切入点。高校要加强职业生涯规划与心理健康教育的有效融合，深入分析高校大学生职业生涯规划中产生的心理问题及其原因，采取有效措施改进职业生涯规划教育，加强对大学生的心理健康引导，指导其正确认识自我，合理规划与自身特点、兴趣、能力相匹配的职业生涯发展方向，促进其职业发展目标与自我价值的实现。

第二节　大学生职业生涯与发展规划的优化实验

习近平总书记在党的十九大报告中强调：就业是最大的民生。大学生职业生涯与发展规划的优化实验是一个综合性的过程，旨在帮助学生更好地规划未来职业道路，提高就业竞争力和职业满意度，其主体包括高校、教师和学生本人，对学生直接或间接进行合理引导，构建完善的课堂教学氛围，拓展职业生涯与规划的有效机制。

一、设立课程经费

设立生涯规划课程专项经费是一个重要的举措，旨在支持学生更好地进行个人职业规划与发展。教育专项资金指为了贯彻国家政策，促进教育事业发展，在确定期限内落实规定工作任务，由国家以及地方财政在教育部门预算内拨付专门用于多项教育事业建设发展的资金。作为教育经费的重要组成部分，教育专项资金对于推动教育事业的发展具有不可替代的作用。通过投入资金，可以有效提高教育质量和水平，为社会培养更多高素质人才，推动经济社会的持续健康发展。生涯规划课程专项资金主要用于支持高校在职业生涯规划教育方面的各类项目和活动，如课程改革、教学方法创新、教育信息化等。这些改革和创新有助于提高此门课程改革创新的针对性和实效性，培养更多符合市场要求的高素质人才。

首先，中央政府应设立高校教育改革专项资金，根据《财政部教育部关于印发〈中央高校教育教学改革专项资金管理办法〉的通知》，要遵循因素分配、自主使用、统筹兼顾、突出绩效的原则，高校根据大学生职业生涯与发展规划课程需要，根据职业规划教育的战略规划、发展方向和改革重点，进行顶层设计、整体安排，统一规划制定具体的实施方案。

其次，高校在获得生涯规划课程专项经费后，鼓励教师自主申报，参与科研小组，针对大学生职业生涯与发展规划课程的具体内容，鼓励教师积极参与到各个科研项目中，以专项经费作为激励，推动课程实时的优化和改革。

最后，要规划好项目经费的适用范围，包括办公费、印刷费、邮电费、会议费、专用材料费、委托业务费、其他交通费、设备购置费、其他资本性支出、其他商品和服务支出、差旅费、专家咨询费、学生劳务费等。

二、完善课程体系

高校有向学生传播丰富的科学文化知识的义务，而且其重要工作之一便是为毕业生就业准备全方位的服务，这蕴含在学校开展的职业生涯规划教育和就业指导中。要想使大学生的职业生涯规划的意识和水平得到提升，将职业生涯规划列入高校课程计划是不错的方式，从大一开始直至毕业，这样可以让学生掌握正确的职业规划理论。另外，及时将社会的需求信息反馈给学生，让学生在掌握理论知识的同时及时调整并完善自己的职业生涯规划。做好大学生职业生涯规划课程服务工作，完善大学生职业生涯规划课程服务体系，有效促进大学生就业，是党的十八大以来提出"实现更高质量就业"新目标的新要求。

然而，当前国内高校生涯课程建设内容主要是"职业规划＋就业指导"，课程建设的理念和思路主要源于西方生涯教育理论体系，缺乏系统性的内容设计，缺乏针对性、多样性和必要的载体，而课程建设的形式重知识传授、游戏、测评，轻体验、实践。同时，在师资队伍的建设、教材建设、评价考核等方面也存在着或多或少的问题。完善大学生职业生涯与发展规划课程建设，要通过课程教学团队系统深入地分析章节内容、集体研讨等方式，经过论证分析，形成规范、科学的教学目标、课程设计和实施评价体系，重点从职业理想、职业道德、职业价值观等方面实现思政教育与课程体系的有效融合，形成具有本土特色的课程思政内容体系。

首先，我们要确保教学过程中实现具体实践同教学理论的有机结合，在高校教学实践中，我们很容易发现传统的面对面课堂授课方式并不适用于大学生职业生涯发展规划课程的教学，此门课程实践性较强，万万不可对学生空谈书本理论，与实践脱节，这样也就失去了生涯规划课对大学生终身职业选择的意义，因此，高校要找到实现专业理论教学同具体实践性教学相互渗透的最佳方式。例如，将课程内容与行业需求、学生兴趣相结合，采用案例教学、模拟实训等教学方法，增强课程的实用性和趣味性。同时，引入翻转课堂、混合式学习等现代教学模式，提高学生的学习主动性和参与度。完善校企合作方式，定期在课程中组织学生进行专业见习，让学生在实践教学中更加深入地了解本专业和行业具体信息；鼓励学生参与企业项目研发、市场调研等活动，提前接触职场环境，增强职业素养和综合能力。

其次，由于大学生职业生涯发展规划课程的教学方式的创新，传统的"一刀切"课程评价标准对此并不适用，要求同步优化创新课程评价体系，传统的评价体系往往侧重于学业成绩或单一技能的考核，而新的评价体系应更加注重学生的全面发展，包括知识、技能、态度、价值观等维度。因此，建立分层分类的课程评价体系才能对该课程的教学效果有更加直观的反映。除结果性评价外，还应重视学生在学习过程中的表现和努力，通过持续的观察和记录来评估学生的成长和进步；并且引入情境评价，在模拟或真实的职业情境中对学生进行评价，以考察其解决实际问题的能力、团队协作能力、创新能力等。例如，可以组织模拟面试、职业角色扮演等活动，让学生在情境中展示自己的能力和素质。新的生涯规划课程评价体系需要从多个方面入手，以促进学生全面发展为目标，构建科学、合理、有效的评价体系。

三、创新教学模式

职业规划课程教师是课程实施的直接参与者和指导者。在课程实施中，教师要安排好环境的布置、示范、时间等各要素；要进行适当引导，避免教学偏离主题；要主动积极与学生进行互动，活跃课堂氛围，吸引学生参与、思考、表达；要观察学生表现，对学生进行适当鼓励，以便课程结束后的跟踪反馈与辅导。

（一）创新教学模式需要对课程当前的专业化进程进行调研

想要使课程内容和学生的实际生活更加贴近，需要教师充分了解大学生对生涯课程的需求。目前，各任课教师对于职业规划课的认识和了解，往往基于自身的工作经验。虽然这种经验可以作为一定的参考和指导，但却缺少了专业化的学情调研。作为一名专业教师，缺少学情调研可能会导致工作中存在过度的主观性。想要开展学情调研，需要教师通过科学的调查方法，对学生的普遍性需求和差异性需求进行分析和总结。

（二）创新教学模式要立足时代特点

教学活动的设计应基于大学生的生活习惯，以及对新媒体的适应能力。目前，我国大学生正处于一个信息快速关闭的时代，每天面临爆炸性的信息，已经改变了学生的生活习惯。对于互联网技术以及新媒体平台的依赖会使学生降低对实际生活的关注。教师也需要根据这一特性，体现教学活动的时代感，充分结合学生关注的热点话题，对教材内容进行补充。而在教学语言的使用上，教师可以借鉴互联网思维，用更加通俗易懂的方式进行表达。

（三）充分利用"线上"+"线下"教学模式

随着互联网时代的到来，更强大的技术已悄然进入了人们的生活，传播载体已如雨后春笋般苗壮成长并逐渐成熟。教育界的传播媒介也快速定位符合各自领域的发展阵地，为学子提供众多的"线上"学习平台。

"线下"实体课程对大学生进行了大学生涯和职业生涯理论知识的铺垫，激发自我实现需求，以及切实的体验活动引导，基本能够引导学生建立正确的价值观、大学生涯规划、职业生涯规划、就业能力储备意识等。对于提升个人核心竞争能力，单纯依靠"线下"资源还远远不够，借力"线上"网络平台，自觉抵制和杜绝参与学习以外的网络娱乐是关键，合理有效地利用"线上"资源，不仅能够帮助大学生转变思想、拓宽视野、拓展专业领域的深度和广度来提升专业技能，还能切实有效地提升专业水平。

大一的学习基础扎实与否、眼界是否长远，可以说对接下来的大学三年或者更长的学习起到决定性的影响。职规课教师可以从以下三方面引导学生实施"线上"学习，引领学生充实自身、壮大自我。

第一，企业招聘信息。大学生建立职业生涯规划的方向是否适应自身发展，可以通过网络搜索有就业意向的企业的招聘信息，了解企业，解读其中关键的招聘要求。思考"我是否满足了招聘要求"，如果满足，就继续补充和提升，以增强优势；如果尚未满足要求，就应果断地针对要求，逐一做好相应能力的提升计划，完善大学生涯规划。

第二，网络课程。大学生应当明道理、识规律，认知读大学的真正的意义何在，并给自己的四年大学学习生活做好完善的学涯规划、知识储备、技能武装，凭实力掌控未来发展方向。职规课教师引导学生，善于利用网络职规课资料，拓展职规课的知识面；利用专业网课课程，增强自身的专业水平、专业技能以及专业素养，充实个人的核心竞争能力，为未来职业职场添砖增瓦。

第三，网络讲座。大一新生初入校园，对未来的学习寄予了美好的憧憬，但又不失迷茫无助。到毕业时，究竟选择求职、创业，还是继续升学深造，陷入了纠结中。有的学生警觉性较高，在大学开始之前就着手规划大学生涯，在规划中探索、在规划中进步；有的学生或因缺乏竞争意识，或因自我感觉良好，大学转眼就是第四个年头，毫无所获。就读大学，方向往往比努力重要，努力的方向正确了，大学生涯规划和职业生涯规划就顺利许多。专家的网络讲座，可能其中的一言或者一语激发了学生前进的动力；或许是讲座的内容，指引了学生前进的方向。付诸行动才有可能在探索的道路上找到方向，所以，无论是职业生涯规划或者专业课程领域的专家讲座，职规课教师都应推荐和指引学生进行学习。

四、运用课程技能

大学生职业生涯与发展规划课程作为一门实践性较强的科目，最终要用理论反哺到实践活动中。也就是说，大学生在积累了一系列理论基础后，要想真正正确进行合理科学的职业规划，还需要切实进入到社会中，真实地面对问题和困境，在实践中总结经验和教训。实践是检验真理的唯一标准。通过实践，大学生可以不断发现自己的不足和需要改进的地方，从而促使自己不断进步和成长。这种成长不仅体现在技能上，更体现在思维方式和价值观上。

学生层面，要进行自我评估和定位，回顾并应用课程中关于自我认知的部分，如兴趣、价值观、能力、性格等方面的测试或工具，明确自己的职业倾向和优势。基于自我评估的结果，设定清晰、可量化的职业目标，并在实践过程中不断地反思自己的职业规划是否符合社会发展的实际情况。尽可能地将所学应用到实际工作中或模拟环境中，不可与实际脱节，要实时适应就业市场的变化，需要学生在不断地经历中了解和分析自己，只有真正认识自己，才能主动到课程实践中。保持持续学习、终身学习的态度，不断提升自己的知识和技能，及时调整目标和计划，提高实际操作的能力。最终，将课程技能运用到实践中的目的是为了解决实际问题。无论是学习、工作还是生活中的问题，都需要通过实践来找到解决方案。只有真正掌握了这些技能，并能在实践中灵活运用，才能更好地应对各种挑战和困难。

值得一提的是，课程体系的优化，需要以高校为媒介，营造更多的实践途径。在校内，学校要根据大学生职业生涯与发展规划的标准和需求，设置完善的教学场地，购买需要的各种设施，如模拟面试、多功能教室、实训基地等。更要定期组织短期或长期的学生见习和实践，帮助学生将生涯规划课程中学到的技能有效地运用到实践中，为自己的职业发展打下坚实的基础，真正把学生培养成综合型、应用型和实用型人才，与大学生职业生涯与发展规划融合发展。

第三节　大学生职业生涯与发展规划的融合发展

一、与专业教育的深度融合

高校的专业课程设置应该与学生的职业规划相结合。根据市场需求和职业发展趋势，合理设置专业课程，将职业规划的理念和内容融入课程教学中。例如，在专业课程中增加行业分析、职业发展规划等模块，引导学生了解行业现状和未来发展趋势，明确自己的职业定位和发展方向。将职业生涯规划教育融入专业教育全过程，实现两者的深度融合。在专业教学中渗透职业规划理念，引导学生将个人职业发展与专业学习相结合，明确学习目标和发展方向。同时，鼓励专业教师参与职业生涯规划教育工作，提供专业指导和支持。

高校的实践教学要和职业规划相衔接，制定先进的教学理念。先进的教学理念与生动的教学实践共同促进专业教育和职业规划教育的和谐发展。以先进的教学理念指导生动的教学实践，以生动的教学实践体现丰富的教学理念，以就业市场都需要为切入点，树立与时代相适应的新理念，实行多元化办学，坚持产、学、研相结合，校企合作的办学方式。互联网、人工智能时代的来临，职业规划教育需要对信息化引起足够的重视，其原因在于信息化是企业和社会发展的必然趋势，因此，需要革新原有的教学理念。

实践教学作为高校专业教育的重要组成部分，也是职业规划得以实现的关键环节。高校应加强与企业的合作，建立实习实训基地，为学生提供更多的实践机会。同时，将实践教学与职业规划相结合，让学生在实践中了解职业要求和工作内容，为未来的职业生涯做好准备。

高校也需要促进各类专业竞赛与职业规划活动的有机结合，鼓励学生参与与自己专业相关的竞赛活动，提升自己的专业素养和综合能力。如2024年国家举办了首届全国大学生职业规划大赛，以"筑梦青春志在四方　规划启航职引未来"为主题，以立德树人、就业育人为主线，努力打造强化生涯教育的大课堂、促进人才供需对接的大平台、服务毕业生就业的大市场，更好地实现职业规划教育与专业教育的深度融合。

二、与创新创业教育的有机结合

职业生涯规划教育的目标之一，在于促进学生的全面发展，培养其创新能力和创新意识，为学生创业提供个性化指导。随着社会的不断发展，创新创业教育逐渐引起了社会各界的关注，它能有效缓解就业难的问题，提高就业率和就业质量。对大学生群体而言，在创新创业教育中融入职业生涯规划，能引导学生对自己的未来发展进行清晰规划，从而更好地实现人生价值。创新创业教育是培养学生创新精神和实践能力的重要途径。要将职业生涯规划教育与创新创业教育相结合，引导学生将创新思维融入职业规划中，鼓励学生在创业实践中实现自我价值。还应鼓励学生积极参与实践项目、创新创业竞赛等活动，这为学生提供了宝贵的实践经验和资源积累，使他们在职业生涯规划中更具竞争力，为学生提供展示自我、实现梦想的舞台。值得一提的是，"挑战杯"系列创新创业大赛、中国国际创新创业大赛等赛事深受各高校学生的重视，已经成为激发大学生创新创业热情、展示大学生创新创业成果的重要平台。

首先，很多高校在开展创新创业教育工作的过程中，都存在课程设置不规范的问题，且课程内容也比较单一，所涵盖的知识点相对浅显，未能针对社会热点话题进行讨论。与此同时，教师的教学方式也比较固化，课时数量安排较少，学生的学习时间不够充足，因而很难产生良好的实训效果。与此同时，很多高校都没有统一、完善的职业生涯规划教材，教材的选择随意性较大，很多内容都不适宜出现在教材当中，因而很容易对学生产生误导。在正式教学之前，也未能对教师进行系统化培训，教学效果并不理想，在很大程度上降低了职业生涯规划和创新创业教育质量。

其次，综观当前的高校职业生涯规划教育现状，发现由于其起步较晚，可供参考和借鉴的经验较少。很多高校虽然开设了此门课程，但由于教师的专业教育背景不足，很难向学生传递有价值的知识，基本上都是停留在理论灌输阶段，存在严重的理论脱离实践问题，对大学生没有实质性帮助。与此同时，创新创业教育起步也相对较晚，很多教师缺乏相关经验，因此不能为学生提供可行性指导，在高校范围内尚未建立起一种良好的学习氛围，学生创新创业意识较弱。

最后，无论是创新创业教育，还是职业生涯规划教育，都具有较强的实践性。教师不仅要向学生传授理论知识，同时要引导学生进行实践训练，只有这样才能真正做到理论联系实际。但就当前实际发展现状来看，很多高校虽然开设了创新创业教育和职业生涯规划教育课程，但由于不具备良好的实验和实训条件，因此很难做到理论联系实际，大多数高校都没有完善的教学实践基地，实训课程都是以竞赛或活动的方式开展，很大程度上弱化了学生的参与积极性，无法为学生提供广阔的训练空间，教育效果并不理想。

三、将思想政治教育融入大学生职业生涯与发展规划中

思想政治教育这一概念主要包含两个维度。从广义角度讲，思想政治教育指社会和社会群体用一定的思想观念、政治观念、道德规范，对其成员施加有目的、有计划、有组织的影响，使他们形成符合一定社会、一定阶级所需要的思想品德的社会实践活动。从狭义角度讲，高校思想政治教育是在高校范围内对大学生展开意识形态方面的教育。目前我国各大高校中开展的政治思想教育，主要是针对大学生的心理发展规律以及艺术特点，以马克思理论为指导，有组织、有目的、有意识地培养大学生思想意识形态，促使大学生树立积极向上的价值观念，并借助教育工作将大学生培养成社会主义的合格接班人和建设者。因此可以说，高校思想政治教育的内涵，是一个包罗万象的体系，有很多分支和子类目。如思想教育、政治教育、道德教育，以及本书主要探讨的心理健康教育等。这些分支之间往往存在一定联系，相辅相成又互为一体。其中，高校思想教育主要是以马克思主义科学理论为核心，引导学生建立正确的价值观念。政治教育是通过宣传国家政策方针以及法律法规，进行爱国主义教育和集体主义教育。道德教育是以为人民服务为核心思想，向学生普及社会公德、职业道德和家庭美德。

大学生思想政治规划教育作为开展生涯规划教育的重要途径和主要阵地，一方面，可以发挥好课程思政育人作用，引导大学生树立正确的三观，坚定崇高的理想，实现"从学业到就业"的全过程育人目标；另一方面，可以使大学生的职业生涯规划教育内容更符合我国国情、更符合大学生的实际，以帮助大学生在接受职业规划和技能培训的同时树立科学的职业规划目标和正确的择业观念，促进大学生个人职业理想与社会发展需求相互融合，从而拓展个人职业的宽度和广度，在职业生涯中充分实现自己的人生价值。

要将思想政治教育贯穿于大学生职业生涯与发展规划当中，对此，高校和专任教师一定要有系统的规划。

大一阶段：重视思想政治理念的启蒙，帮助学生建立正确的道德标准和职业目标，通过测试和教育活动促进自我认知。

大二阶段：加强自我认知，通过思想政治教育帮助学生理解世界和社会的发展规律，制定理性的职业规划方案。

大三阶段：鼓励学生参与社会实践，加强价值体系教育，将个人职业需求与社会发展相结合，制定具有宏大格局的职业规划。

大四阶段：加强时事政治教育，帮助学生了解行业发展趋势和国家政策，制定科学合理的职业规划。

随着时代步伐的疾速前行，社会面貌日新月异，这一变化深刻地重塑了大学生思想政治教育的环境、形式与受众群体。因此，思政教育必须紧密贴合时代发展的脉搏，深刻把握大学生的新特征与新需求，对教育内容进行实时更新与充实，为教育注入鲜活的时代气息与生命力。在传承与发扬传统思政教育精髓的同时，我们应精选并提炼其中的精华内容，使之与大学生职业生涯规划紧密衔接，形成教育合力。这意味着，思政教育不仅要坚守历史传承，更要勇于开拓创新，紧密围绕时代发展的新要求和社会发展的新趋势，以学生职业生涯规划为实践基点，强化教育内容的现实针对性和生活贴近性，使之更加贴近学生实际，富有时代特色。通过这样的改革与创新，我们旨在显著提升思政教育的针对性和实效性，让教育过程更加贴近大学生的职业生涯与发展规划需求，激发他们的内在动力与潜能，引导他们将个人理想与国家发展、社会进步紧密结合，成为有担当、有作为的新时代青年。

综上所述，鉴于当前就业市场的激烈竞争态势，将思政教育深度融入职业生涯规划教育体系中，不仅能够显著增强大学生思想政治教育与职业规划教育的融合度与协同性，实现教育目标的同步推进与互补互促，还能够激励大学生以国家发展战略为导向，树立远大志向，科学且前瞻性地规划个人职业道路，确保个人成长与国家需求同频共振。

四、与劳动教育的相互促进

劳动教育的内涵是学生德智体美劳全面发展的主要内容之一，是中国特色社会主义教育制度的重要内容。使学生树立正确的劳动观点和劳动态度，热爱劳动和劳动人民，养成劳动习惯的教育，能直接决定着学生的劳动精神面貌、劳动价值取向和劳动技能水平。劳动教育的基本理念为：强化劳动观念，弘扬劳动精神；强调身心参与，注重手脑并用；继承优良传统，彰显时代特征；发挥主体作用，激发创新创造。

为了确保高校"立德树人"根本任务的实现，需将德育工作深度融入大学生日常学习与实践中，特别是通过创新思政教育形式，深入挖掘劳动教育在大学生职业生涯规划中的独特价值。劳动教育不仅是技能传授，更是塑造学生劳动价值观、强化实践能力的重要途径，对促进学生职业认知、职业兴趣及职业决策能力具有不可估量的积极作用。在新时代背景下，探索劳动教育如何有效融入大学生生涯规划体系，是关键议题。将大学生贯穿于劳动教育的各个环节，确保从理论学习到实践探索，均围绕学生个性化职业倾向与长期发展需求展开。这不仅有助于学生在劳动中自我发现、自我定位，还能激发其内在动力，为构建清晰、稳定的职业生涯路径奠定坚实基础。为此，需构建以劳动教育为核心的大学生职业能力提升综合体系，该体系应涵盖以下关键维度：

一是育人体系的优化。确保劳动教育成为高校课程体系的重要组成部分，与专业课程、思政教育等相互融合，形成协同效应；

二是劳育环境的营造。通过建设校内外劳动教育基地、举办劳动技能大赛等形式，营造崇尚劳动、尊重技能的良好氛围；

三是社会力量的整合。加强与行业企业合作，为学生提供更多实习实训机会，让其在真实工作场景中体验劳动价值，增强职业适应能力。

在此基础上，明确新时代劳动教育的价值导向、独特功能、目标体系、内容结构，并建立健全队伍保障、基地保障、制度保障等机制，确保劳动教育能够系统、有序、高效地推进。通过这些措施，不仅能够促进大学生全面健康发展，提升其综合素质与职业能力，还能为国家培养更多具备正确劳动观念、扎实专业技能和良好职业素养的优秀人才，为实现个人价值与社会发展贡献力量。

▶ 参考文献

［1］中共中央宣传部．习近平总书记系列讲话读本［M］．北京：学习出版社，人民出版社，2016．

［2］周海涛，张墨涵，罗炜．我国民办高校学生获得感的调查与分析［J］．高等教育研究，2016，37（9）．

［3］姚宇娟．高校思想政治理论课获得感提升问题研究［D］．天津工业大学硕士论文，2019．

［4］丁元竹．让居民拥有获得感必须打通最后一公里——新时期社区治理创新的实践路径［J］．国家治理，2016（2）．

［5］曹现强，李烁．获得感的时代内涵与国外经验借鉴［J］．人民论坛·学术前沿，2017（2）．

［6］房广顺，李鸿凯．以大学生获得感为核心提升思想政治理论课教学质量［J］．思想理论教育，2018（2）．

［7］程仕波，熊建生．论思想政治教育获得感［J］．思想教育研究，2017（7）．

［8］孙璐．我国大学生职业生涯规划研究述评［J］．中国成人教育，2013（20）．

［9］于洁．如何实现大学教学与科研并重——一个研究框架的构建［J］．北京师范大学学报（社会科学版），2019（4）．

［10］沈小友．关于提高大学生职业生涯规划教育实效性的研究［D］．福建师范大学硕士论文，2012．

［11］王利迁．河北省高校大学生就业指导与服务调研报告［J］．河北大学学报（哲学社会科学版），2010，35（2）．

［12］程晶．江苏省普通本科院校就业指导课程满意度研究［D］．南京大学硕士论文，2013．

［13］刘世勇．美国高校生涯辅导的特点及其启示［J］．中国地质教育，

2007（4）.

［14］蓝邱勇.试论高校毕业生的职业生涯规划［J］.山西高等学校社会科学学报，2007（2）.

［15］高改梅.独立学院大学生职业生涯规划现状研究［J］.科技情报开发与经济，2008（5）.

［16］米靖，论邹韬奋的职业教育思想［J］.职教通讯，2007（2）.

［17］汤耀平.大学生职业生涯规划理论与实务［M］，广东：暨南大学出版社，2006.

［18］王凤娥.美国的生计教育对当前我国素质教育的启示［J］.山东教育科研，2000（1）.

［19］王本贤.西方职业生涯理论的发展脉络［J］.中国职业技术教育，2006（27）.

［20］王晓三.国外高校学生就业指导工作概况与启示［J］.教育与职业，2005（7）.

［21］吴绍琪，当前大学生职业生涯规划教育的问题与完善途径［J］.教育前沿（综合版），2007（5）.

［22］吴业源.新形势下如何进行职业指导［J］.创业者，2000（8）.

［23］魏晓华.大学生职业生涯规划绍议［J］.沈阳农业大学学报（社会科学版），2003（4）.

［24］王晨.浅谈大学生职业生涯设计仁［J］.山东省青年管理干部学院学报，2005（5）.

［25］汪风涛.构建大学生职业生涯规划全程指导长效机制的探索「J］.理论观察，2007（6）.

［26］徐晶.关于当代大学生职业生涯规划的思考［J］.江苏技术师范学院学报，2005（5）.

［27］杨丽恒.当代人才测评与职业指导理论的整合［J］.教育与职业，2006（23）.

［28］于涛.关于职业指导转向职业辅导的思考［J］.河北职业技术学院学报，2003（6）.

［29］张文强.对大学生职业生涯设计的思考［J］.南阳师范学院学报，2007（4）.

［30］张秋良.职业生涯规划——大学生就业指导之利器［J］.宁德师专

学报（哲学社会科学版），2005（4）.

　　［31］张辉.浅谈高校开设职业生涯规划教育课的必要性及其意义［J］.辽宁行政学院学报，2007（3）.

　　［32］赵明民.关于建立和完善大学生就业服务体系的思考［J］.教育与职业，2007（8）.

　　［33］赵金华，浅谈高校就业指导工作中的职业设计问题［J］.合肥工业大学学报（社会科学版），2002（5）.

　　［34］周济部长在2008年高校毕业生就业工作视频会议上的讲话［J］.大学生就业，2008（4）.

　　［35］中华人民共和国劳动部，职业指导办法［Z］.1994.

　　［36］赵胜利，蒋洪甫.中美大学生就业指导差异研究［J］.继续教育研究，2007（4）.

▶附录

生涯规划档案

学　院:＿＿＿＿＿＿＿＿＿＿＿＿

专　业:＿＿＿＿＿＿＿＿＿＿＿＿

姓　名:＿＿＿＿＿＿＿＿＿＿＿＿

学　号:＿＿＿＿＿＿＿＿＿＿＿＿

前　言

　　时代青年常有一问："人生之路到底该如何走？"哲人曾答曰："走好每一步，便是你的人生。"职业生涯规划就如同未来职场的灯塔，帮助我们避开险礁暗石，走向成功。这本职业生涯规划手册就是带领你进行人生规划的第一步，它将帮助你正确认识自身的个性特质，现有与潜在的资源优势，帮助你重新审视自我并持续提升能力，增加附加值。同学们，青春短暂，时不我待，快来规划专属自己的职业生涯吧！

生命科学学院简介

　　吉林师范大学生命科学学院始建于 1983 年，经过近 40 年的建设与发展，现已成为学术队伍结构合理、研究方向稳定、研究特色鲜明、人才培养规范、科研设备先进的学院。2016 年获生物学一级学科硕士学位授权，是吉林省优势特色学科，同时还招收课程与教学论、学科教学（生物）专业的全日制及非全日制硕士研究生。学院拥有生物科学和生物技术 2 个专业，其中生物科学专业被评为吉林省优势特色专业、吉林省高等学校品牌专业、吉林省一流专业；生物技术专业是吉林省创新创业教育改革试点专业。学院拥有吉林省科技厅中青年科技创新创业卓越人才（团队）1 个，建有植物资源科学与绿色生产实验室（吉林省重点实验室）、生物资源与环境信息实验室（吉林省高校重点实验室）、生物基础实验教学中心（吉林省教学示范中心）和吉林省高等学校人才培养模式创新实验区 4 个省部级平台。

　　学院师资队伍实力雄厚，拥有教职工 54 人，其中教授 11 人，博士 34 人，硕士生导师 16 人，有多人荣获国家及省级人才称号，其中，国务院政府特殊津贴获得者 1 人，吉林省有突出贡献的中青年专业技术人才 2 人，吉林省拔尖创新人才 3 人，吉林省教学名师 1 人，吉林省高校首批"学科领军教授" 2 人，吉林省高校科研春苗人才 2 人，吉林省科技发展计划专家特派员 3 人，吉林省高校新世纪科学技术优秀人才 1 人。

　　近五年，主持承担国家及省部级纵向科研项目 49 项，其中，国家重点研发计划、国家"863"计划、国家自然科学基金等国家级项目 15 项，省部级 34 项，累计纵向科研经费 1085.5 万元，研究生生均科研经费 15.73 万元。

　　近五年，学院共发表学术论文 218 篇。其中，SCI 期刊收录 82 篇，核心期刊 74 篇。出版专著 5 部。学科 10 篇代表性论文均发表于国际主流期刊，按中科院 SCI 分区均属一区或二区期刊。获授权国家发明专利 13 项。获吉林省自然科学奖 1 项，吉林省科学技术奖 2 项，吉林省自然科学学术成果奖 1 项。

学院学生考研率与就业率一直保持较高水平，位列学校前茅。近40年来，生命科学学院共培养4000多名毕业生，在吉林省及全国各地的中等教育、高等学校、科研院所、企事业单位中发挥着重要作用。

目　录

就业初体验

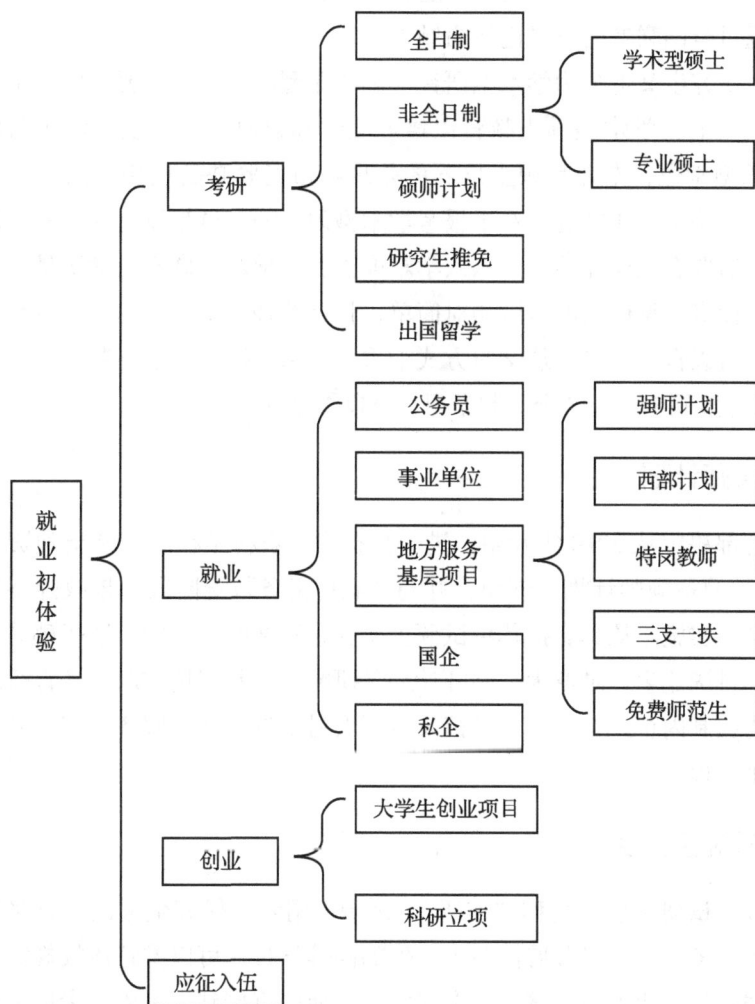

1. 硕士研究生

硕士研究生是本科之后的深造学历。与本科生相比研究生教育更注重培养学生研究问题与分析问题的能力，特别是该学科的科研教学能力。硕士的招生考试主要是全国硕士研究生入学考试（以下简称统考），英语、思想政治理论、高等数学等公共科目由全国统一命题，专业课主要由各招生单位自行命题（部分专业通过全国联考的方式进行命题）。

硕士研究生又下分为学术型研究生和专业型研究生，主要有以下不同：从培养方向上看：学术型硕士教育以培养教学和科研人才为主，毕业以后可以获得学术型学位；专业型硕士培养的是现在市场紧缺的应用型人才。从招生条件上看：关于工作经验，对于报考学术型硕士的人员是没有要求的；而专业型硕士是需要有工作经验的。从入学难度上看，学术型硕士的考试是严进宽出的代表；而专业型硕士的考试相对简单，且这两种方式涉及的专业也是不一样的，考生可以自行选择。从学习方式上看，学术型硕士为全日制学习，一般为3年；专业型硕士为脱产全日制学习，学制2~3年。

2. 硕师计划

教育部决定从2010年开始，进一步扩大"农村学校教育硕士师资培养计划"（以下简称硕师计划）规模，并与"农村义务教育阶段学校教师特设岗位计划"结合实施。从具有推荐免试硕士研究生资格的高校中，选拔部分优秀应届普通本科毕业生。录取为"硕师计划"研究生，并与地方政府教育行政部门签约聘为编制内正式教师。在县镇及以下农村学校任教、服务三年，并在职学习研究生课程。

3. 研究生推免

推荐免试研究生，简称"推研"，是指不用参加研究生考试而直接读研的一种情形。经审定可以开展推免生工作的高等学校，可以推荐该校规定数量的优秀应届本科毕业生免初试，并在规定的日期前直接到报考单位参加复试和办理接收手续。

本科阶段学业成绩作为推免工作最基础的遴选指标：

（1）学习成绩优秀，基础知识扎实，在校期间所学课程和实践环节无不及格、补考及重修、重新学习记录。

（2）全国大学外语四级考试、专业外语四级考试成绩达到满分的60%（含）以上。

（3）无任何考试作弊和剽窃他人学术成果等违法违纪行为。

（4）要求至推免时段，参加推免学生总平均学分绩点排名列本专业前30%。

4. 出国留学

目前我校学生可以通过"2+2""3+1+1""4+x"等出国学习交流，获得国内及国外双本科学历学位，获得国外读研资格，获得在国内读本科，在国外读研究生资格。还可以有更长远的规划。

5. 直接就业

师范专业生可考取教师从业资格证，到全国各学校担任相关教师，非师范专业可到国内企业等单位工作或进行自主创业。

6. 公务员

公务员考试分为中央和地方两种形式。中央公务员考试和地方公务员考试性质一样，都是属于招录考试，考生填报相应的职位进行考试，一旦被录取便成为该职位的工作人员。具体公务员政策可参见国家公务员网的相关政策。

7. 事业单位考试

事业单位考试又称事业编制考试。这项工作由各用人单位的人事部门委托省级和地级市的人事厅局所属人事考试中心命题组织实施。招考公告一般情况下发在省、地级市的人事厅局所属的人事考试中心的网站上，笔试和面试基本上各占一半，分数有的四六开，一般无最低分数线。

8. 西部计划

大学生志愿服务西部计划由共青团中央牵头，教育部、财政部、人力资源和社会保障部同地方政府共同组织实施。从2003年开始，通过公开招募、自愿报名、组织选拔、集中派遣的方式，每年招募一定数量的普通高等学校应届毕业生，到西部贫困县的乡镇从事教育、卫生、农技、扶贫以及青年中心建设和管理等方面的志愿服务工作。从2000年开始，西部计划服务期由1~2年调整为1~3年（可以登录西部计划网站 xibu.youth.cn 查看详情）。

9. 特岗教师

中央实施的一项对西部地区农村义务教育的特殊政策，公开招聘高校毕业生到西部地区"两基"攻坚县、县以下农村学校任教，引导和鼓励高校毕业生从事农村义务教育工作，从 2009 年起，实施范围扩大到中西部地区国家扶贫开发工作重点县。

10. 三支一扶

三支一扶是支教、支区、支农、扶贫的简称。每年招募 2 万名高校毕业生，主要安排到乡镇从事支教、支农、支医和扶贫工作。服务期限一般为 2~3 年。招聘对象主要为全国普通高校应届毕业生。

11. 大学生应征入伍

大学生入伍是指部队每年从在校大学生和大学毕业生中招收义务兵。从 2013 年开始征兵工作由冬季改为夏秋季征兵。2016 年时间调整为从 2 月初开始。

报名流程：网上登记—初审初检—体检政审—走访调查—预定新兵—张榜公示—批准入伍。

个人信息

姓　名		性　别		出生日期	
专　业		年　级		学　号	
院　别			籍　贯		
联系方式	手机号码		QQ 号码		
	电子邮箱		微信号		

职业倾向	职业优势	□学习成绩　　　　　　□专业技能 □实践经历　　　　　　□证书 □其他_____			
	职业目标	□考取研究生　　　　　□考公务员（事业单位） □公司（企业）　　　　□基础教育单位 □出国出境　　　　　　□入伍 □基层就业　　　　　　□其他_____			
	职业区域选择	异地就业	□北上广等一线城市就业 □省会城市　　□地市级城市　　□县区级城市 □其他城市_____		
		本地就业	生源地就业_____		
	职业规划				
	职业帮扶	□职业素养提高 □专业技能培训 □实践能力锻炼 □心理素质提升 □其他_____			

大学目标

社会需要	大学自我发展要求：
	    □思想道德要求 □职业道德要求 □专业技术要求
	    □文化素质要求 □知识更新要求 □意志品质要求
	    □人际交往要求 □身心健康要求 □生活品质要求
	
	掌握四项基本能力：
	    □合理利用与支配各类资源的能力：时间、资金、设备、人力
	    □处理人际关系的能力 □获取信息并利用信息的能力
	    □综合和系统分析能力
	
	具备三种基本素质：
	    □基本技能：阅读、写作、倾听、口头表达、数学运算能力……
	思维能力：发现并解决问题、分析事物规律、掌握新技术……
	    □个人品质：诚实、遵守社会道德；有责任感、敬业、有社会责任感和集体责任感；自重、有自信；自律、能正确评价自己、有自制力

个人目标	

第一学期

<table>
<tr>
<td rowspan="2">目标
和
计划</td>
<td>共有
目标</td>
<td colspan="4">□专业奖学金的评定　　□班级干部的竞选
□国家助学金的评定　　□递交入党申请书
□普通话测试证考取　　□学校和学院的各类活动</td>
</tr>
<tr>
<td>个人
目标</td>
<td colspan="4"></td>
</tr>
<tr>
<td colspan="2">读书
计划</td>
<td colspan="4"></td>
</tr>
<tr>
<td colspan="2">参与
实践
活动</td>
<td colspan="4"></td>
</tr>
<tr>
<td rowspan="11">学
习
成
绩</td>
<td>序号</td>
<td colspan="3">课程名称</td>
<td>分数</td>
</tr>
<tr><td></td><td></td><td></td><td></td><td></td></tr>
<tr><td></td><td></td><td></td><td></td><td></td></tr>
<tr><td></td><td></td><td></td><td></td><td></td></tr>
<tr><td></td><td></td><td></td><td></td><td></td></tr>
<tr><td></td><td></td><td></td><td></td><td></td></tr>
<tr><td></td><td></td><td></td><td></td><td></td></tr>
<tr><td></td><td></td><td></td><td></td><td></td></tr>
<tr><td></td><td></td><td></td><td></td><td></td></tr>
<tr><td></td><td></td><td></td><td></td><td></td></tr>
<tr><td></td><td></td><td></td><td></td><td></td></tr>
<tr>
<td rowspan="2">平均
学分
绩点</td>
<td rowspan="2"></td>
<td colspan="2">学习排名</td>
<td rowspan="2">奖学金
获得情况</td>
<td rowspan="2"></td>
</tr>
<tr>
<td colspan="2">综合排名</td>
</tr>
</table>

自我分析

自我 总结	学业 收获	
	目标 完成度	
	社会 实践	
	综合 满意度	
寄语	自我 寄语	
	同学 寄语	
	老师 寄语	

第二学期

目标和计划	共有目标	□专业奖学金评定　　□普通话测试证 □三好学生、优干优团、第二课堂和积极分子 □计算机二级考试　　□英语四、六级考试 □入党积极分子　　　□学校和学院的各类活动			
	个人计划				
读书计划					
参与实践活动					
学习成绩	序号	课程名称			分数
平均学分绩点		学习排名		奖学金获得情况	
		综合排名			

自我分析

自我总结	学业收获	
	目标完成度	
	社会实践	
	综合满意度	
寄语	自我寄语	
	同学寄语	
	老师寄语	

第三学期

<table>
<tr>
<td rowspan="2">目标和计划</td>
<td>共有目标</td>
<td colspan="5">□专业奖学金评定　　□英语四、六级考试
□国家奖学金、国家励志奖学金、吉林省奖学金、国家助学金的评定　　□重点积极分子的确定
□普通话测试证考取　　□学校和学院的各类活动</td>
</tr>
<tr>
<td>个人目标</td>
<td colspan="5"></td>
</tr>
<tr>
<td colspan="2">读书计划</td>
<td colspan="5"></td>
</tr>
<tr>
<td colspan="2">参与实践活动</td>
<td colspan="5"></td>
</tr>
<tr>
<td rowspan="10">学习成绩</td>
<td>序号</td>
<td colspan="4">课程名称</td>
<td>分数</td>
</tr>
<tr><td></td><td></td><td></td><td></td><td></td></tr>
<tr><td></td><td></td><td></td><td></td><td></td></tr>
<tr><td></td><td></td><td></td><td></td><td></td></tr>
<tr><td></td><td></td><td></td><td></td><td></td></tr>
<tr><td></td><td></td><td></td><td></td><td></td></tr>
<tr><td></td><td></td><td></td><td></td><td></td></tr>
<tr><td></td><td></td><td></td><td></td><td></td></tr>
<tr><td></td><td></td><td></td><td></td><td></td></tr>
<tr><td></td><td></td><td></td><td></td><td></td></tr>
<tr>
<td rowspan="2">平均学分绩点</td>
<td rowspan="2"></td>
<td colspan="2">学习排名</td>
<td></td>
<td rowspan="2">奖学金获得情况</td>
</tr>
<tr>
<td colspan="2">综合排名</td>
<td></td>
</tr>
</table>

自我分析

自我 总结	学业 收获	
	目标 完成度	
	社会 实践	
	综合 满意度	
寄语	自我 寄语	
	同学 寄语	
	老师 寄语	

第四学期

目标和计划	共有目标	□专业奖学金评定　　　　□党员发展 □三好学生、优干、优团、第二课堂和积极分子 □计算机二级考试　　　　□英语四、六级考试 □学校和学院的各类活动			
	个人计划				
读书计划					
参与实践活动					

学习成绩	序号	课程名称			分数

平均学分绩点		学习排名		奖学金获得情况	
		综合排名			

自我分析

自我总结	学业收获	
	目标完成度	
	社会实践	
	综合满意度	
寄语	自我寄语	
	同学寄语	
	老师寄语	

第五学期

目标和计划	共有目标	□专业奖学金评定　　　□英语四、六级考试 □国家奖学金、国家励志奖学金、吉林省奖学金、国家助学金的评定　　　□重点积极分子的确定				
	个人计划					
读书计划						
参与实践活动						
学习成绩	序号		课程名称			分数
平均学分绩点			学习排名		奖学金获得情况	
			综合排名			

自我分析

自我总结	学业收获	
	目标完成度	
	社会实践	
	综合满意度	
寄语	自我寄语	
	同学寄语	
	老师寄语	

第六学期

目标和计划	共有目标	□专业奖学金评定　　□三好学生的评定 □计算机二级考试　　□英语四、六级考试 □教师资格证考取　　□党员发展 □考研经验交流会、简历制作等与就业相关的活动		
	个人计划			
读书计划				
参与实践活动				
学习成绩	序号	课程名称		分数
平均学分绩点		学习排名		奖学金获得情况
		综合排名		

自我分析

自我 总结	学业 收获	
	目标 完成度	
	社会 实践	
	综合 满意度	
寄语	自我 寄语	
	同学 寄语	
	老师 寄语	

第七学期

目标和计划	共有目标	□专业奖学金评定　　　□英语四、六级考试 □教师资格证的考取　　□研究生考试　　□党员发展			
	个人计划				
读书计划					
参与实践活动					
学习成绩	序号		课程名称		分数
平均学分绩点			学习排名	奖学金获得情况	
			综合排名		

自我分析

自我总结	学业收获	
	目标完成度	
	社会实践	
	综合满意度	
寄语	自我寄语	
	同学寄语	
	老师寄语	

第八学期

目标和计划					
读书计划					
参与实践活动					
学习成绩	序号	课程名称			分数
平均学分绩点		学习排名		奖学金获得情况	
		综合排名			

自我分析

自我总结	学业收获	
	目标完成度	
	社会实践	
	综合满意度	
寄语	自我寄语	
	同学寄语	
	老师寄语	

职业规划测评报告

	优势	利用优势做什么
发挥 优势		
	存在的不足	改进建议
控制 不足		
	我的优势特点	对应的典型职业
岗位 特质		

毕业寄语与未来职业规划

我的大学四年，那些与青春有关的日子

时光匆匆，我们迎来了凤凰花开的六月，四年本科学习生活渐行渐远，转眼间我们就要与母校分别，四年的大学时光将成为人生最美的永恒记忆。让我们牢记"好学近知，力行近仁"的校训，向更新、更高的目标前进，用精彩美丽的人生画卷向母校交上一份完美的答卷。在再次起航之前，让我们制定一个未来的职业规划吧……

未来职业规划：

_____

_____

_____

_____

_____

_____

_____

_____

_____

就业信息全网搜

吉林师范大学就业信息网：http:/jlnu.jysd.com

全国大学生就业公共服务平台：www.ness.org.cn

中国高校就业网：jiuye.cnzsedu.com

吉林省高等学校毕业生就业信息网：jilinjobs.cn

东北师范大学学生就业指导服务中心网址：http://careers.nenu.edu.cn

东北高师就业加盟：http://www.dsjyw.net

公众号：吉林师大就业处

新浪微博：吉林师范大学就业处

吉师就业 App：http：//j1nu.jysd.com/down1oad